高校学生管理工作创新研究

梁晓健◎著

中国纺织出版社有限公司

内 容 提 要

随着高等教育从精英教育向大众教育转型，高校学生数量呈现出显著的增长态势，学生群体的特征变得更加多样化，这增加了学生管理的复杂性和难度。在这种背景下，高校学生管理工作的质量和水平显得至关重要。本书从学生管理机构与队伍建设、规章制度、流程优化、心理健康教育、职业生涯规划与就业指导、信息化几方面系统地梳理了当前高校学生管理工作的现状及其存在的问题，从多个关键领域进行了深入的分析和探讨。通过理论与实践相结合的方式，旨在为高校学生管理工作者提供有价值的参考，推动高校学生管理工作的创新与发展。

图书在版编目（CIP）数据

高校学生管理工作创新研究 / 梁晓健著 . -- 北京：中国纺织出版社有限公司，2024.8. --ISBN 978-7-5229-2079-5

Ⅰ.G645.5

中国国家版本馆 CIP 数据核字第 2024TW7030 号

责任编辑：段子君　哈新迪　责任校对：高　涵　责任印制：储志伟

中国纺织出版社有限公司出版发行

地址：北京市朝阳区百子湾东里 A407 号楼　邮政编码：100124

销售电话：010—67004422　传真：010—87155801

http://www.c-textilep.com

中国纺织出版社天猫旗舰店

官方微博 http://weibo.com/2119887771

天津千鹤文化传播有限公司印刷　各地新华书店经销

2024 年 8 月第 1 版第 1 次印刷

开本：710×1000　1/16　印张：11.75

字数：201 千字　定价：99.90 元

前　言

随着高等教育从精英教育向大众教育转型，高校学生数量呈现出显著的增长态势，增加了学生管理的复杂性和难度。这种变化给高校学生管理工作带来了重大的挑战。

首先，学生数量的增加使得传统的管理模式和资源难以满足需求，如何有效地进行大规模的学生管理成为亟待解决的问题。其次，学生群体的多样性要求管理工作具备更高的灵活性，以适应不同背景、能力和需求的学生。

与此同时，信息技术的快速发展为高校学生管理工作带来了新的机遇。利用信息化手段，可以实现学生信息的高效采集、处理和分析，提高了管理效率。此外，信息技术也为个性化教育提供了可能，有助于满足学生的个体需求和期望。

社会对人才的要求不断提高，也对高校学生管理工作提出了新的要求。一方面，高校需要培养出符合社会需求的高素质人才，这对学生的职业生涯规划和就业指导工作提出了更高的要求。另一方面，这也促使高校不断改进学生管理工作，以提升学生的综合素质和竞争力。

高校学生管理工作的质量和水平不仅直接影响每一个学生的成长和发展，而且对高校的声誉和未来发展具有深远的影响。因此，持续创新和完善高校学生管理工作，提高管理效率和管理水平，已经成为当前高等教育改革的重要任务。

《高校学生管理工作创新研究》一书正是在这样的背景下撰写的。本书系统地梳理了当前高校学生管理工作的现状及存在的问题，从多个关键领域进行了分析和探讨。

（1）在学生管理机构与队伍建设方面，本书探讨了如何构建高效、专业的管理机构、工作队伍和工作者。

（2）在规章制度方面，本书分析了现行管理制度的优点和不足，提出了完善和创新制度的具体建议，旨在确保管理制度的公正、公平和有效。

（3）在流程优化方面，本书关注如何通过科学的方法和工具，对现有工作流程进行梳理和改进，以减少冗余，提高效率，同时保证服务质量。

（4）在心理健康教育方面，本书强调了心理健康对学生全面发展的重要性，探讨了如何建立有效的心理辅导机制，以及如何预防和应对学生的心理问题。

（5）在职业生涯规划与就业指导方面，本书研究了如何为学生提供个性化的职业发展支持，帮助学生明确职业目标、提升就业能力，并顺利从校园过渡到职场。

（6）在信息化方面，本书探讨了如何利用信息技术提升学生管理的智能化和精细化，包括数据采集、分析、决策支持等方面的应用。

本书理论与实践相结合，为高校学生管理工作者提供有价值的参考，推动高校学生管理工作的创新与发展。期待这本书能为高等教育领域的改革和发展贡献一份力量。在撰写本书的过程中，笔者进行了大量的文献研究和实地调查，以确保内容的准确性和实用性。同时，结合自身多年从事高校学生管理工作的实践经验和心得体会，力求对高校学生管理工作的各个方面进行全面而细致的探讨。

在此，感谢所有为本书出版提供支持和帮助的领导、同事和朋友。同时，也感谢本书所引用的参考文献的作者和版权所有者。由于时间仓促和水平有限，本书难免存在不足之处，敬请广大读者批评指正。

著　者

2024 年 5 月

目　录

第一章

绪论

第一节 高校学生管理的概念

在当今社会，高校学生管理已经成为教育领域的一个重要课题。随着社会的发展和教育改革的深入，高校学生管理的内涵、目标和手段也在不断地丰富和发展。本书将对高校学生管理的概念、目标和手段进行详细的探讨。

一、高校学生管理的定义

高校学生管理是指在高等教育阶段，学校对学生进行全面、系统的教育和管理，旨在培养学生的综合素质，提高学生的学术水平和创新能力，使学生成为具有社会责任感和国家使命感的优秀人才。高校学生管理涉及学生的学习、生活、思想、心理等方面，是学校教育工作的重要组成部分。

（一）高校学生管理的内涵

高校学生管理的内涵包括以下两个方面。

1. 全面发展

高校学生管理的核心是促进学生的全面发展。这包括培养学生的学术能力、实践能力、创新能力和团队协作能力等各方面的能力。此外，学校还应该关注学生的个性化发展，因材施教，使每个学生都能在自己擅长的领域发挥出最大的潜能。

高校学生管理要注重培养学生的德智体美劳五育并重。这意味着学校要关注学生的道德品质、智力水平、身体素质、审美情趣和劳动技能等方面的培养。通过全面培养学生的各项素质，使他们能够在各个方面都得到全面的发展。

2. 自主管理与自我教育

高校学生管理要培养学生的自主管理和自我教育能力。这意味着学生能够自觉遵守学校的规章制度，自觉参与学术研究和社会实践活动，自觉调整自己的学习方法和生活方式，形成良好的学习习惯和生活习惯。通过培养学生的自主性和自我教育能力，可以更好地促进他们的成长和发展。

（二）高校学生管理的目标

1. 培养高素质人才

高校学生管理的最终目标是培养具有创新精神和实践能力的高素质人才，为社会发展和国家建设提供人才支持。

2. 提高学生的综合素质

通过全面、系统的学生管理工作，提高学生的学术水平、实践能力、创新能力、团队协作能力等各方面的素质，使学生具备符合社会发展和国家建设要求的综合素质。

3. 培养学生的社会责任感和国家使命感

高校学生管理要注重培养学生的社会责任感和国家使命感，使学生树立正确的世界观、人生观和价值观，为国家的发展和民族的振兴贡献自己的力量。

（三）高校学生管理的手段与途径

1. 制度建设

在高校学生管理中，制度建设是基础和前提。通过完善高校学生管理制度，明确学生的权利和义务，规范学生的行为，为学生管理工作提供制度保障。具体而言，高校学生管理制度应该包括以下几个方面。

（1）学籍管理制度。学籍管理制度是高校学生管理制度的重要组成部分，包括学生入学注册、课程考核、成绩记载、学籍变动等方面的规定。通过建立完善的学籍管理制度，确保学生能够按照规定完成学业，维护学生的合法权益。

（2）日常行为管理制度。日常行为管理制度是高校学生管理制度的重要内容之一，包括学生的言行举止、宿舍卫生清洁等方面的规定。通过建立完善的日常行为管理制度，规范学生的行为，营造良好的校园氛围。

（3）奖惩制度。奖惩制度是高校学生管理制度的重要组成部分，包括学生奖励、惩罚等方面的规定。通过建立完善的奖惩制度，鼓励学生积极向上、勤奋学习，同时对违反校规校纪的行为进行惩戒，维护校园秩序。

（4）组织管理制度。组织管理制度是高校学生管理制度的重要组成部分，包括学生组织、社团等方面的规定。通过建立完善的组织管理制度，鼓励学生积极参与各种社团和组织活动，培养学生的自我管理和自我教育能力。

（5）生活服务制度。生活服务制度是高校学生管理制度的重要组成部分，包括学生的住宿、饮食、医疗等方面的规定。通过建立完善的生活服务制度，为学生提供优质的生活服务，保障学生的基本生活需求。

通过完善高校学生管理制度，明确学生的权利和义务，规范学生的行为，为学生管理工作提供制度保障。同时，还要根据实际情况不断调整和完善管理制度，以适应学生和社会的变化和发展。

2. 教育引导

在高校学生管理中，教育引导是一项重要的工作。通过加强思想政治教育，引导学生树立正确的世界观、人生观和价值观，培养学生的社会责任感和国家使命感。具体而言，教育引导应该包括以下几个方面。

（1）加强思想政治教育。高校应该注重学生的思想政治教育，通过开展各种形式的思想政治教育活动，引导学生树立正确的世界观、人生观和价值观。同时，还应该注重学生的心理健康教育，帮助学生解决成长过程中遇到的各种问题和困惑。

（2）开展职业生涯规划教育。高校应该注重学生的职业生涯规划教育，通过开展各种形式的职业生涯规划教育和就业指导活动，帮助学生了解社会需求和就业形势，引导学生树立正确的就业观念，培养学生的就业能力和职业素养。

（3）推进素质教育。高校应该注重学生的素质教育，通过开展各种形式的素质教育活动，培养学生的创新精神、实践能力、团队协作能力等综合素质。同时，还应该注重学生的文化素质教育，帮助学生了解中华优秀传统文化和人类文明成果，提高学生的文化素养和审美能力。

（4）加强法制教育。高校应该注重学生的法制教育，通过开展各种形式的法制教育活动，帮助学生了解国家法律法规和校规校纪，引导学生树立法律意识，遵守法律法规和校规校纪。

（5）开展社会实践活动。高校应该积极组织社会实践活动，引导学生走出校园、深入社会、了解国情、增长见识。通过参加社会实践活动，学生可以更好地了解社会需求和就业形势，也可以增强社会责任感和公民意识。

在教育引导的过程中，高校应该注重学生的个性差异和特长发展，尊重学生的主体地位和创新精神，积极引导学生参与各种形式的教育活动和实践锻炼。同时，高校还应该加强与家庭、社会的沟通和协作，形成学校、家庭、社会三位一体的教育模式，共同促进学生的健康成长和全面发展。

3．服务保障

在高校学生管理中，服务保障也是一项重要的工作。通过提供丰富的学术资源、实践平台和就业指导，满足学生的学习、生活和发展需求，为学生的成长提供全方位的服务保障。具体而言，服务保障应该包括以下几个方面：

（1）提供学术资源。高校应该为学生提供丰富的学术资源，包括图书馆、实验室、科研机构等。通过这些资源，学生可以获取到各种专业书籍、学术期刊、研究报告等资料，还可以参加各种科研项目和学术活动，提高自己的学术水平和研究能力。

（2）提供实践平台。高校应该为学生提供实践平台，包括各种实验室、实践基地、校企合作等。通过这些平台，学生可以参加各种实践活动，将理论知识与实践相结合，提高自己的实践能力和综合素质。同时，还可以参加各种学科竞赛、创新创业等活动，培养学生的创新精神和实践能力。

（3）提供就业指导。高校应该为学生提供就业指导服务，包括职业规划、就业指导、创业扶持等。通过这些服务，学生可以了解就业市场和职业需求，学习求职技巧和面试技巧，提高自己的就业竞争力。同时，还可以参加各种实习项目和校企合作，增加自己的实践经验和就业机会。

（4）提供生活服务。高校应该为学生提供生活服务，包括宿舍管理、饮食服务、医疗保健等。通过这些服务，学生可以享受到安全、舒适、便利的生活环境，解决生活中的各种问题和困难。同时，还可以参加各种文化活动和体育活动，丰富自己的课余生活和增强身体素质。

通过提供丰富的学术资源、实践平台和就业指导，满足学生的学习、生活和发展需求，为学生的成长提供全方位的服务保障。同时，还要根据学生的个性差异和特长发展提供个性化的服务保障措施。通过服务保障工作的开展，帮助学生更好地完成学业、实现就业和发展目标，为学生的成长和发展奠定坚实的基础。

4. 评价激励

在高校学生管理中，评价激励也是一项重要的工作。通过建立科学的评价体系，对学生的学术成绩、实践能力、创新能力等各方面进行全面、客观、公正的评价，激发学生的学习积极性和创新精神。具体而言，评价激励应该包括以下几个方面。

（1）建立科学的评价体系。高校应该建立科学的评价体系，包括评价指标、评价标准、评价方法等。评价体系应该全面覆盖学生的学术成绩、实践能力、创新能力等各方面，同时还要根据不同学科和专业特点制订个性化的评价指标和标准。通过科学的评价体系，对学生进行全面、客观、公正的评价。

（2）鼓励学生参与评价。高校应该鼓励学生参与评价，包括自我评价、互相评价、小组评价等。通过参与评价，学生可以更好地了解自己的优势和不足，同时还可以学习他人的优点和经验，促进自身的成长和发展。

（3）设立奖励机制。高校应该设立奖励机制，包括奖学金、优秀学生奖、创新成果奖等。通过奖励机制，鼓励学生认真学习积极参与科研活动，提高自己的学术成绩和实践能力。同时，还可以通过奖励机制激励学生积极进取、追求卓越。

（4）开展交流与合作。高校应该积极开展学术交流与合作活动，包括学术会议、研讨会、校企合作等。通过交流与合作，学生可以了解学科前沿和发展趋势，学习他人成功的研究经验，提高自己的学术水平和创新能力。

通过建立科学的评价体系、鼓励学生参与评价、设立奖励机制以及开展交流与合作等活动，激发学生的学习积极性和创新精神。同时还要根据实际情况不断调整和完善评价体系和奖励机制以适应学生和社会的变化和发展。通过评价激励工作的开展帮助学生更好地认识自己、提高自己并实现个人的学术或职业发展目标促进学生的全面成长和发展树立自信心和自尊心以及增强自身的社会竞争力。

二、高校学生管理的特点

（一）教育性

高校学生管理具有教育性特点，它通过一系列的管理措施和活动，对学生进行全面教育，促进学生的全面发展。这种教育性主要体现在以下几个方面。

1. 思想教育

高校学生管理注重学生的思想教育，通过开展各种形式的思想政治教育，帮助学生树立正确的世界观、人生观和价值观，提升学生的思想道德水平和社会责任感。

2. 学风建设

高校学生管理注重学风建设，通过加强学生管理，规范学生的学习行为，营造良好的学习氛围，促进学生的自主学习和自我发展。

3．综合素质培养

高校学生管理注重学生的综合素质培养，通过组织各种形式的社会实践、文艺体育、科技创新等活动，提高学生的社会竞争力。

（二）专业性

高校学生管理具有专业性特点，需要具备专业知识和技能的学生管理者来进行。这种专业性主要体现在以下几个方面。

1．管理知识

高校学生管理者需要具备心理学、教育学、管理学等相关学科的知识，以便更好地了解学生、指导学生和管理学生。

2．管理技能

高校学生管理者需要具备管理技能，包括组织能力、沟通能力、领导能力等，以便更好地管理学生、协调、解决问题。

3．管理经验

高校学生管理者需要具备一定的管理经验，以便更好地应对各种管理问题和管理风险。

（三）系统性

高校学生管理需要从系统性的角度出发，全面考虑学生管理工作的各个方面，以实现科学、有效的管理。这种系统性主要体现在以下几个方面。

1．全面性

高校学生管理需要全面考虑学生的各个方面，包括学习、生活、行为、心理等，以实现全面管理。

2．协调性

高校学生管理需要协调各个方面的关系，包括学生与学校、学生与教师、学生与学生之间的关系等，以实现协调发展。

3．持续性

高校学生管理需要持续不断地进行改进和完善。

第二节 高校学生管理的目标及重要性

一、高校学生管理的目标

（一）维护校园秩序

1．确保良好的教学秩序

高校学生管理应确保教学计划的正常执行，保障教学活动的稳定和有序，包括课程的安排、教学资源的分配、教师的管理和评估等。同时，对于教学过程中的问题，如教学质量问题、教学设施问题等，应及时处理和解决。

2．防止校园安全问题的发生

高校学生管理应建立健全的校园安全管理制度，配备专业的安全管理人员，预防各类校园安全问题，确保学生的人身安全和财产安全。

（二）保障学生的权益

1．确保学生的基本生活权益

高校学生管理应保障学生的基本生活需求，如保障学生饮食安全、为学生提供医疗保障等，对于存在的生活困难，应提供必要的帮助和救济。

2．保护学生的合法权益

高校学生管理应通过建立学生权益保护机制等，保护学生的合法权益，防止学生的权益受到侵害。

（三）促进学生的个人发展

1．提供各种教育资源，满足学生的学习需求

高校学生管理应积极整合各类教育资源，包括课程资源、教师资源、学术研究资源等，为学生提供丰富多样的学习机会，满足学生的学习需求。

2．开展丰富多彩的课外活动，培养学生的综合素质

高校学生管理应通过组织各类课外活动，如学术讲座、科技竞赛、文化艺术活动等，培养学生的综合素质，提高学生的社会适应能力和创新能力。

3．对学生进行思想教育和心理健康教育

高校学生管理应通过思想教育和心理健康教育，引导学生树立正确的世界观、人生观和价值观，培养学生的健康心理和健全的人格。具体包括：开设相关课程和讲座，开展心理咨询和治疗服务，提供心理援助和危机干预等。

二、高校学生管理的重要性

（一）高校学生管理对人才培养的作用

高校学生管理是人才培养的重要环节，它在维护校园秩序、保障学生权益的同时，还承担着促进学生个人发展的使命。以下是学生管理对人才培养的具体作用。

1．帮助学生适应校园生活

高校学生管理通过提供各种支持和服务，帮助学生更好地适应校园生活。新生入学时，学生管理部门可以提供入学教育、安排迎新活动等，让学生尽快熟悉校园环境和规章制度。同时，学生管理部门还负责组织各类社团活动、文化交流活动等，帮助学生建立人际关系、融入校园文化，促进学生的个人成长和发展。

2. 提高学生学习效率及专业能力

高校学生管理通过科学合理的管理手段，提高学生的学习效率。例如，学生管理部门可以提供课程咨询、学业指导等服务，帮助学生合理规划学习时间。同时，学生管理部门还可以组织学科竞赛、学术交流等活动，激发学生的学习兴趣和动力，提高学生的学术水平。

高校学生管理通过科学合理的管理手段，可以帮助学生更好地适应大学的学习节奏和规律，培养学生专业能力。同时，学生管理部门还可以提供辅导帮助和学术支持，帮助学生克服学习困难和障碍，培养学生专业能力。

3. 培养学生的综合素质

高校学生管理不仅关注学生的学业发展，还注重培养学生的综合素质。学生管理部门可以组织各类社会实践、志愿服务等活动，让学生亲身参与社会实践和公益事业，增强学生的社会责任感和公民意识。同时，学生管理部门还可以提供职业规划、就业指导等服务，帮助学生树立正确的职业观念，提高学生的就业竞争力和社会适应能力。

4. 对学生思想道德素质有积极的影响作用

高校学生管理对学生的思想道德素质有积极的影响作用。通过思想政治教育、道德教育等活动，可以帮助学生树立正确的世界观、人生观和价值观，培养学生良好的道德品质和社会责任感。

5. 对学生心理健康有积极的影响作用

高校学生管理对学生的心理健康有积极的影响作用。通过心理健康教育、心理辅导等服务，可以帮助学生解决心理问题，提高心理素质和应对能力。同时，学生管理部门还可以通过组织心理健康活动增强学生的心理健康意识和自我保护能力。

（二）高校学生管理对校园文化建设的影响

高校学生管理是推动校园文化建设的重要力量，它不仅通过规范学生行为、组织课外活动和营造良好的校园氛围等方式，促进积极向上的校园文化的形成，还通过引导学生参与校园文化建设，形成多元化的校园文化。

1. 促进积极向上的校园文化的形成

高校学生管理通过制订规章制度规范学生行为，引导学生树立正确的价值观。这些规章制度不仅包括学术规范、纪律要求等，还涉及文明礼仪、道德修养等方面。通过规范学生行为，学生管理部门有助于形成积极向上的校园文化，营造良好的校风和学风。

此外，学生管理部门还通过组织各类课外活动，如文艺比赛、科技竞赛、社会实践等，为学生提供展示才华、锻炼能力的平台。这些活动不仅可以丰富学生的课余生活，还可以培养学生的团队协作精神、创新能力和社会责任感。通过这些活动，营造出一种健康、向上的校园文化氛围。

2. 增强学生的归属感和文化自觉性

学生管理部门通过引导学生参与校园文化建设，可以增强学生的归属感和文化自觉性。例如，学生可以参与校园文化的传承和发展，参与校园文化活动的策划和实施，甚至可以成为校园文化建设的引领者。在这个过程中，学生不仅可以感受到校园文化的魅力，还可以在实践中锻炼自己的能力和素质。

通过参与校园文化建设，学生可以更加深入地了解和认同校园文化，从而增强对学校的归属感和文化自觉性。这种归属感和文化自觉性反过来又促进学生在学习和生活中更加积极向上，形成一种良性的互动循环。

3. 为校园文化建设注入新的活力

学生是校园文化建设的主体之一，他们具有无限的潜力和创造力。学生管理部门通过引导学生参与校园文化建设，能够为校园文化建设注入新的活力和创造力。

同时，学生管理部门通过建立有效的激励机制，鼓励学生积极参与校园文化建设。例如，通过评优评先、奖励激励等方式，表彰在校园文化建设中表现突出的学生。这些激励措施可以激发学生的积极性和创造力，进一步促进校园文化的建设和发展。

高校学生管理通过规范学生行为、组织课外活动等方式营造良好的校园氛围，促进积极向上的校园文化形成。同时，通过引导学生参与校园文化建设，学生管理部门增强了学生的归属感和文化自觉性，为校园文化建设注入新的活力。这些积极的影响有助于培养出更多具有社会责任感、创新能力和文化自觉性的优秀人才。

（三）高校学生管理对学校管理体系建设的推动

高校学生管理是学校管理体系的重要组成部分，它不仅需要适应学校管理体系的要求，同时也会对学校管理体系的完善和发展产生推动作用。一方面，高校学生管理需要遵循学校管理体系的基本原则和制度安排；另一方面，高校学生管理在实践中积累的经验和问题可以为学校管理体系的完善提供参考和借鉴。高校学生管理的创新和改革也可以促进学校管理体系的创新和发展。

第三节 高校学生管理基本原则和理念

一、高校学生管理的基本原则

（一）以人为本原则

以人为本原则是指高校学生管理应以关心和满足学生的需求为出发点，以培养学生的全面素质为目标，以服务学生为核心，以引导学生自我管理为重点。在管理过程中，要尊重学生的个性差异和成长规律，注重培养学生的自主性和创造性，发挥学生的主体作用，提高学生的综合素质和社会适应能力。

（二）公平公正公开原则

公正公平公开原则是指在高校学生管理中，应遵循公平、公正、公开的原则，制订科学合理的管理制度，实行标准统一的管理措施，确保每个学生都能获得平等的机会和待遇。在评价和奖励方面，要注重学生的全面素质和发展潜力，避免单一标准的评价方式，要让每个学生都有展示自己才华的机会。

（三）因材施教原则

因材施教原则是指高校学生管理应根据学生的个体差异和特点，采取针对性的教育和管理措施，使每个学生都能得到适合自己的教育和培养。在管理过程中，要注重观察和分析学生的特点，根据学生的实际情况制订个性化的培养计划和教育方案，提高学生的综合素质和创新能力。

（四）教育与管理相结合原则

教育与管理相结合原则是指高校学生管理应将教育和管理工作相结合，以实现学生的全面发展和成长。在管理过程中，要注重培养学生的自我管理能力、社会适应能力和创新能力，同时也要加强对学生行为和纪律的监督与管理，维护校园正常秩序确保校园环境安全。

（五）系统性原则

系统性原则是指高校学生管理应将学生视为一个系统性的整体，从学生的全面素质和社会适应能力出发，制订科学合理的管理制度、教育计划和培养方案。在管理过程中，要注重学生的全面发展，加强学生家庭、学校和社会之间的合作与沟通，形成教育合力，共同推动学生的全面发展和成长。

二、高校学生管理的基本理念

（一）学生全面发展理念

学生全面发展理念强调高校学生管理应以促进学生的全面发展为目标，注重培养学生的综合素质和综合能力。在管理过程中，要关注学生的身体、心理、思想、文化、专业技能等多个方面的发展，为学生提供全面的教育资源和培养条件，帮助学生实现全面发展和成长。

（二）学生个性发展理念

学生个性发展理念强调高校学生管理应尊重学生的个体差异和特点，根据学生的兴趣、特长和发展方向，制订个性化的教育和管理方案。在管理过程中，要注重学生的自主性和创造性，发挥学生的优势和潜力，培养学生的独立思考能力和创新能力。

（三）学生自我管理理念

学生自我实现理念强调高校学生管理应引导学生自我认识、自我规划、自我管理和自我实现，培养学生的自我意识和自我管理能力。在管理过程中，要注重学生的主体性和参与性，引导学生制订个人发展计划和目标，激发学生的内在动力和潜力，帮助学生实现自我价值和成长。

（四）学生社会服务理念

学生社会服务理念强调高校学生管理应培养学生的社会责任感和服务意识，引导学生积极参与社会服务和公益活动。在管理过程中，要为学生提供社会服务的平台和机会，帮助学生融入社会和服务社会。

（五）学生国际化视野培养理念

学生国际化视野培养理念强调高校学生管理应培养学生的国际视野和跨文化交流能力。在管理过程中，要注重学生的外语学习和跨文化沟通能力的培养，为学生提供国际化的教育资源和平台，帮助学生拓展视野。

（六）学生创新创业精神培养理念

学生创新创业精神培养理念强调高校学生管理应培养学生的创新思维和创业精神，激发学生的创新潜力和创业热情。在管理过程中，要注重学生的创新实践和创业模拟实训等活动，为学生提供创新创业的平台和资源，帮助学生培养创新意识和创业能力。

（七）学生心理健康教育理念

学生心理健康教育理念强调高校学生管理应关注学生的心理健康和心理素质，培养学生的心理自我调节和心理抗压能力，提高学生的心理健康水平和综合素质。在管理过程中，要注重学生的心理健康教育和心理辅导工作，为学生提供心理帮助和支持，帮助学生建立健康的心态和良好的心理素质。

（八）学生综合素质培养理念

学生综合素质培养理念强调高校学生管理应对学生的综合素质进行培养。在培养学生综合素质过程中，要注重对学生综合素质的评价标准的科学性和多样性，采取多种评价方式和方法，全面了解学生的知识、能力、素质等多个方面的表现。同时要注重学生反馈和教师指导作用，帮助学生发现自己的优势和不足之处，引导学生改进和提高自己的综合素质。

（九）学生自我管理与自我教育理念

学生自我管理与自我教育理念强调高校学生管理应培养学生的自我管理和自我教育能力，要注重发挥学生会、研究生会等学生组织在学生自我管理中的重要作用。同时还要注重学生在自我管理和自我教育中的主体地位；最终实现学生的自觉、自主、自立、自强。

（十）学生思想政治教育理念

学生思想政治教育理念是指高校在对学生进行教育和管理的过程中；要注重培养和引导学生树立正确的世界观、人生观和价值观；提高学生的思想政治素质和社会责任感。具体来说，要注重思想政治理论课的教学和实践，加强思想政治教育的针对性，发挥党组织和团组织在学生思想政治教育中的重要作用，加强校园文化建设，推动思想政治教育的改革和创新。

（十一）学生法制观念培养理念

学生法制观念培养理念强调高校学生管理应培养学生的法制观念和法律意

识，引导学生遵守国家法律法规和社会公共秩序，维护自身的合法权益和社会公共利益。在管理过程中，要注重学生的法制教育并做好法律宣传工作，为学生提供法律咨询和服务平台，帮助学生建立正确的法律意识和法律素养。

（十二）学生社会责任感培养理念

学生社会责任感培养理念强调高校学生管理应引导学生树立社会责任感和公民意识，培养学生的公民素质和社会责任感是高校学生管理工作的重要任务之一。社会责任感是指学生对国家、社会、集体、他人所承担的道德责任和义务的认知、情感和实践。包括自我责任感、家庭责任感、他人责任感、集体责任感和国家民族责任感等，是学生个体积极履行社会责任和维护公共利益的内在动力，它不仅是个体道德素质的重要组成部分，也是个体综合素质的重要组成部分。因此，高校应该通过多种途径和方式培养学生的社会责任感，树立良好的道德观念和公民意识，建立积极向上的价值观和人生观，从而为国家和社会培养合格的公民。

第四节　高校学生管理的方法

一、传统高校学生管理方法

（一）行政命令式管理

传统的行政命令式管理主要是指高校管理层通过制定规章制度、规范学生行为的方式来达到管理学生的目的。这种管理方式注重管理者的权威性和强制性，具有以下特点。

1．强调管理者的权威性和主导性

在这种管理方式下，管理者通常会以自己的意志和权威来制定规章制度，并要求学生无条件地遵守。

2．注重规范和秩序

行政命令式管理强调学生的行为必须符合学校的规章制度，对于违反规章制度的行为会采取相应的惩罚措施。

3．忽略学生的个性和需求

这种管理方式通常只关注学生的行为是否符合规范，而忽略了学生的个性化需求和特点，容易导致学生反感和抵触。

（二）家长式管理

家长式管理是指高校管理层以家长的心态来管理学生，对学生进行全方位的关心和照顾。这种管理方式具有以下特点。

1．注重关怀

家长式管理强调高校对学生全方位的服务，包括生活、学习、心理等方面，试图通过细致的服务来提高学生的满意度和归属感。

2．强调学生的全面控制

家长式管理通常会通过各种方式来管理学生的学习和生活，以确保学生的安全和稳定。

3．忽略学生的自主权和自我发展能力的培养

在这种管理方式下，学生通常只是被动地接受管理和服务，缺乏自主权，同时，学校缺乏对学生自我发展能力的培养。

二、现代高校学生管理方法

（一）人本化管理

人本化管理是指高校管理层在管理中注重学生的个性、需求和情感，以人

本化的方式来管理学生。这种管理方式具有以下特点。

1．强调学生的主体地位和自我管理能力

人本化管理认为学生是学校的主体，学校应该给予学生更多的自主权和自我管理机会，培养学生的自我约束和自我管理能力。

2．注重培养学生的创造性和自主性

人本化管理强调尊重学生的个性和特点，鼓励学生发挥自己的创造性和自主性，培养学生的独立思考能力和创新精神。

3．注重管理者与学生的平等

人本化管理强调管理者与学生之间的平等互动和沟通，鼓励学生参与决策和管理过程，增强学生的参与感和归属感。

（二）多元化管理

多元化管理是指高校管理层在管理中采用多种手段和方式来管理学生，包括思想教育、心理辅导、学业指导等。

1．关注学生的各个方面发展

多元化管理不仅关注学生的学习表现，还关注学生的思想、心理、情感等多个方面的发展，旨在促进学生的全面发展。

2．采用多种手段和方式进行管理

多元化管理会根据不同的管理内容和学生需求，采用不同的手段和方式进行管理，包括思想教育、心理辅导、学业指导等，旨在为学生提供全面的支持和帮助。

3．培养学生的自我认知和自我管理能力

多元化管理不仅关注学生的外在表现和行为，还关注学生的内在认知和情感，通过多种手段和方式帮助学生认识自我、发展自我，培养学生的自我认知和自我管理能力。

（三）信息化管理

信息化管理是指高校管理层在管理中采用信息技术手段来管理学生，建立学生信息管理系统，实现学生信息的高效管理和分析。这种管理方式具有以下特点。

1. 提高管理效率和学生服务质量

通过采用信息化手段，管理者可以更快、更准确地获取、处理和分析学生信息，包括个人信息、学业信息、生活信息等，从而提高管理效率和为学生提供服务的质量。这种管理方式能够更好地满足学生的需求，提供更加个性化、精准的服务。

2. 促进学校管理的现代化

信息化管理可以推动学校管理的现代化和智能化，提高学校的综合管理能力。通过建立学生信息管理系统，可以实现对大量数据的快速处理和分析，从而更好地支持学校的管理和决策。同时，信息化管理还可以促进学校各部门之间的信息共享和协同工作，推动学校管理质量和效率的提高。

3. 增强学生信息的安全性和隐私保护

信息化管理需要特别注意学生信息的安全性和隐私保护。在建立学生信息管理系统时，需要采取严格的安全措施，确保学生信息的保密性和完整性。同时，需要制订相关的隐私保护政策，明确信息的收集、使用和传播等方面的规定，保障学生的个人隐私权益。

4. 促进教师和学生的信息化素养提升

信息化管理需要教师和学生具备一定的信息化素养。因此，高校需要加强对教师和学生的信息化培训和教育，提高他们的信息化素养和技能水平。通过开展培训课程、讲座、研讨会等形式，让教师和学生了解并掌握相关的信息技术手段和管理方法，从而更好地适应信息化管理的要求。

第五节 高校学生管理工作的问题分析

一、管理模式存在的问题

当前，高校学生管理通常采用集中式的管理模式。在这种模式下，学生工作部门作为主要的职能部门，负责学生事务的管理。这种体制在一定程度上确保了学生管理工作的统一性和高效性，但也存在以下问题。

（1）决策过程过于缓慢。这种集中式的管理模式导致决策过程过于缓慢，无法及时应对学生需求的变化。由于所有事务都集中在一个部门，决策可能受职工人数的限制，导致无法快速做出反应。

（2）缺乏灵活性。由于所有事务都由一个部门负责，当学生需求发生变化时，可能需要调整整个管理流程，这可能会耗费大量的时间和资源。

（3）缺乏个性化服务。由于所有学生都由同一个部门管理，可能无法满足学生的个性化需求。每个学生的需求和背景都不同，需要个性化的服务来满足他们的需求。

二、高校学生的需求变化及心理问题

1. 学生个体差异和需求的多样化

随着高等教育的普及，学生群体特征呈现出多样化的特点，个体间差异增大。不同学生具有不同的背景、兴趣、能力和目标，因此学生管理工作需要关注学生的个性化需求，制订有针对性的管理策略。这包括提供个性化的学习指导，为学生提供多元化的发展机会，以及建立有效的沟通渠道，了解学生的需求。

2．学生心理健康问题突出

学习压力、人际关系、就业困境等问题使得学生的心理健康问题越来越突出。高校学生面对较大的学业压力和竞争激烈的就业环境，可能导致焦虑、抑郁等心理问题的出现。此外，学生在与他人相处和建立人际关系方面也可能遇到困难。管理工作者需要重视学生的心理健康，提供心理咨询和支持服务，培养学生的心理韧性。

三、管理理念落后，缺乏创新

1．传统管理模式的问题

随着社会的进步和高等教育的发展，高校学生管理工作面临的挑战也在不断增多。然而，某些高校的学生管理工作仍然采用传统的管理模式。这种模式主要基于规则和权威，强调对学生的统一管理和控制，而忽视了学生的主体性、积极性和对学生创新能力的培养。具体弊端如下。

（1）传统的管理模式往往建立在固定的规章制度上，缺乏灵活性和应变性。在面对新的社会现象和学生需求时，这种模式往往显得力不从心，无法及时作出有效的调整。过于强调“一刀切”的管理方式，忽视了学生的个体差异和多样性，导致学生感到被束缚并产生压抑情绪。

（2）忽视学生主体性。在传统的管理模式下，学生往往被视为被动接受管理的对象，他们的声音和需求很少被重视。这种管理方式忽视了学生的主体性和参与性。学生的积极性和创造性在这种管理模式下往往受到抑制，不利于培养学生的创新精神和独立思考能力。

2．对学生心理健康问题的忽视

部分高校对学生心理健康问题的关注度不高，往往只注重学生的学术成绩和行为规范，而忽视了他们的心理健康状况。随着社会压力的增大和学生心理问题的频繁出现，这种忽视可能会导致严重后果。因此，现代高校学生管理工作需要更加重视心理健康教育和咨询工作，为学生提供必要的心理支持和帮助。

3．对国际化趋势的应对不足

随着全球化的深入发展，对高校国际化水平的要求也越来越高。然而，一些高校的学生管理工作在应对国际化趋势方面存在不足，如缺乏跨文化沟通和管理能力，对国际学生的支持和服务不足等。

四、管理体制不健全，管理制度不完善

1．高校学生管理制度存在漏洞

权责不清。在某些高校中，学生管理部门的职责和权力可能不够明确，导致责任推诿或者职权滥用的情况出现。

规章制度不健全。部分高校的学生管理制度存在全面性和系统性不足的问题，对于一些重要事项或者新的问题没有明确规定，使得管理工作中出现灰色地带。

有些高校在制定和执行管理制度时，可能忽视了与相关法律法规的衔接和符合性，导致管理制度存在法律风险。

2．高校学生管理制度缺乏有力的执行

执行力度不够。即使有完善的管理制度，如果执行不力，也无法达到预期的效果。这是由于管理人员素质不高、执行力不强，或者是管理制度的操作性不强、难以执行等原因造成的。

3．监督机制缺失

有效的监督机制是确保管理制度得到有效执行的重要保障。如果缺乏有效的监督机制，可能会导致管理制度流于形式，无法真正落地执行。

4．高校学生管理制度与实际情况脱节

忽视学生需求。高校在制定和执行管理制度时，过于注重行政管理和秩序维护，而忽视了学生的实际需求和权益保护。

未能适应社会发展。随着社会环境和教育形势的变化，高校的管理制度需

要不断更新和完善。如果管理制度不能及时跟上这些变化，会导致管理制度与实际情况脱节。

5. 高校学生管理体制缺乏灵活性

制度僵化。有些高校的管理制度可能过于僵化，无法适应不断变化的学生需求和环境挑战。

缺乏创新意识。在管理体制上，高校可能过于保守，缺乏创新和探索精神，导致管理体制缺乏活力和灵活性。

不利于个性化发展。过于严格的管理体制可能会限制学生的个性化发展和创新能力的培养，不利于培养具有创新精神和社会责任感的人才。

五、管理手段欠缺

1. 信息化有待提升

（1）技术设施落后。部分高校由于资金、技术等原因，导致信息化基础设施建设不足，无法满足现代教育管理和学生的需求。

（2）数据整合困难。在数据采集、处理和分析方面，高校可能存在数据孤岛现象，各个系统之间的数据难以有效整合和共享，影响了信息化手段的推广。

（3）应用场景有限。虽然很多高校已经引入了一些信息化管理系统，但应用场景有限，未能全面覆盖教学、科研、生活等各个领域。

2. 缺乏有效的心理辅导机制

（1）忽视心理健康教育。一些高校过于注重学生的学术成绩和就业率，而忽视了学生的心理健康教育和辅导工作。

（2）心理咨询资源不足。部分高校由于人力资源、经费有限等原因，导致心理咨询师数量不足，无法满足学生的心理咨询服务需求。

（3）心理问题干预不及时。在面对学生产生心理问题时，如果缺乏有效的预警和干预机制，可能会导致严重的后果。

3. 缺乏个性化的教育服务

（1）教学方式单一。一些高校的教学方式过于传统和单一，未能充分考虑到学生的个性化需求。

（2）资源分配不均。在教育资源分配方面，如果过于依赖传统的行政管理模式，可能会导致资源分配不均，影响到学生的个性化发展。

4. 缺乏有效的危机应对机制

（1）危机意识淡薄。在面对突发事件和危机时，部分高校可能由于危机意识淡薄，未能及时采取有效的应对措施。

（2）应急预案不完善。应急预案缺乏科学性和可操作性。

（3）协同工作机制不健全。在危机应对过程中，如果缺乏有效的协同工作机制，可能会导致高校各部门间信息传递不畅、资源调配不当等问题，影响到危机应对的效果。

第二章

高校学生管理机构与队伍建设

在高等教育体系中，学生管理机构与队伍建设的重要性日益凸显。随着高等教育的普及和学生数量的增加，如何有效地进行学生管理，提供优质的教育服务，成为重要课题。高校学生管理机构作为学校与学生之间的桥梁，其设置是否合理，直接关系到学生的成长与学校的秩序。而一个强大的学生管理工作队伍则是高校实现教育目标的重要保障，其不仅需要专业的知识和技能，更需要高尚的职业素养和对学生深沉的关爱。

第一节 高校学生管理机构的设置

高校学生管理机构作为高校运作的核心部分，其设置对于维护学校秩序、促进学生全面发展具有重要价值。随着教育环境的不断变化和学生需求的多样化，高校学生管理机构的职责和功能也在不断地增加和深化，其逐渐涵盖了从学业指导到生活服务的各个方面。当前许多高校在管理机构设置上仍存在诸多问题，如机构重叠、职责不清等问题，不仅影响了管理效率，还不利于学生的成长。如何优化高校学生管理机构设置，使之更加高效、有针对性，是当代高校不可忽视的重要议题。

一、机构设置的必要性和重要性

随着高等教育的普及和深化，学生数量的增加以及学生需求的多样化水平增加，高校学生管理机构的设立显得尤为必要和重要。这一机构不仅是学校与学生之间的桥梁和纽带，更是维护学校秩序、促进学生全面发展的重要保障。通过设立合理的学生管理机构，高校能够更有效地调配资源，提供个性化的教育服务，满足学生的不同需求，从而实现教育目标。

二、高校学生管理机构的主要职责和功能

1. 学业指导

学业指导是高校学生管理机构为学生提供的一项重要服务，学生指导旨在为学生提供全方位的学术支持和指导。涵盖了学术咨询、课程选择和学习方法等方面的内容，帮助学生规划自己的学业发展路径。

（1）学业指导提供学术咨询服务。学生可能会遇到各种学术问题。学术咨询通过与学生的交流和沟通，了解其需求和目标，为其提供专业的建议和指导。

（2）学业指导涉及课程选择。学生在选择课程时可能会面临许多选择困难，不知道哪些课程对自己的学业发展更有帮助。学业指导通过分析学生的兴趣、能力和目标，帮助其确定适合的课程组合。学业指导还会提供关于课程内容、难度和学分要求等方面的信息，帮助学生做出明智的选择。

（3）学业指导关注学生的学习方法。学习方法对于学生的学习效果和成绩有着重要的影响。学业指导会向学生介绍一些有效的学习方法和技巧，例如时间管理、阅读技巧、笔记整理等。这些方法和技巧可以帮助学生更高效地学习和掌握知识，提高学习效果。

2. 生活服务

在校园中，生活服务部门扮演着重要的角色，负责管理宿舍、提供餐饮服

务以及医疗保健等方面的工作。其目标是确保学生在校期间的生活需求得到充分满足。

（1）宿舍管理是生活服务部门的重要职责之一。其负责分配和管理学生的宿舍，确保每个学生都能有一个安全的居住环境。其会定期检查宿舍设施的使用情况，及时维修和更换损坏的设备，以保证学生的生活质量。宿舍管理人员还会制定宿舍规章制度，维护宿舍秩序和安全。

（2）餐饮服务是生活服务部门的重要工作内容。食堂会为学生提供多样化、营养均衡的餐饮选择，以满足学生的不同口味和需求。定期评估食品质量和卫生状况，确保食品安全。其还会组织各类饮食文化活动，增加学生的饮食乐趣和文化体验。

（3）医疗保健也是生活服务部门的重要职责之一。高校配备专业的医护人员，为学生提供基本的医疗服务和健康咨询。定期组织健康体检，及时发现学生的健康问题。还会开展健康教育活动，提高学生的健康意识和自我保健能力。

3. 心理咨询与支持

关注学生的心理健康，设立专门的心理咨询中心，致力于为学生提供全面的心理健康教育和专业的心理咨询服务，帮助其解决各种心理问题，提升其心理素质和应对能力。

（1）开展心理健康教育课程。课程将涉及常见的心理健康知识，包括情绪管理、压力应对、人际关系处理等。通过系统的学习和讨论，学生将能够更好地认识自己的心理状态，并学会有效的应对策略。

（2）提供个体心理咨询服务。学生可以预约专业心理咨询师进行一对一的咨询，倾诉自己的困惑和烦恼。心理咨询师将倾听学生的心声，理解其感受，并提供针对性的建议和支持。通过与专业人士的交流，学生将能够更好地厘清思绪，找到解决问题的方法。

（3）组织心理健康讲座和工作坊。为学生提供互动交流的平台，让其能够与其他同学分享经验，互相鼓励。邀请心理学专家和心理咨询师来校进行专题讲座，为学生提供心理健康知识和技巧培训。

（4）建立心理咨询热线，为学生提供24小时的心理支持。无论是在白天还是夜晚，学生都可以随时拨打这个热线，与专业心理咨询师进行沟通和交流。为学生提供一个随时可供其寻求帮助的渠道，让其在面对困难时能够及时获得指导。

4. 纪律与安全管理

为了维护学校的秩序和安全，制定并执行学校纪律规定是必不可少的。纪律与安全管理旨在规范学生的行为，培养其自律意识和责任感。

（1）学校纪律规定需要充分考虑学生的年龄特点和教育需求。规定应该明确列出学生在校园内应遵守的行为准则，包括课堂纪律、校园礼仪、宿舍管理等方面。规定还应该明确规定违纪行为的后果和处罚措施，以便学生能够清楚地知道自己的行为会带来何种后果。

（2）学校纪律规定的执行需要全体教职员工的共同努力。教师应该以身作则，严格遵守规定，并及时纠正学生的违纪行为。学校应该建立健全的纪律管理机制，包括设立纪律委员会、建立纪律档案等，以便对违纪行为进行记录和处理。

（3）校园安全是学校工作的重要组成部分。学校应该采取一系列措施来保障学生的人身安全和财产安全。包括加强校园巡逻和安保力量，安装监控设备，建立紧急事件应急预案等。学校还应该定期组织安全教育活动，提高学生的安全意识和自我保护能力。

（4）对于学生的违纪行为，学校应该采取适当的处理措施。这包括口头警告、书面批评、罚款、停课等。对于严重违纪行为，学校可以采取更严厉的处罚措施，如留校察看、开除学籍等。但无论采取何种处理措施，都应该注重教育引导，帮助学生认识错误，改正错误行为。

5. 学生活动与组织

学校积极支持学生社团和各类学生活动的开展，培养学生的领导力和团队协作精神。

（1）鼓励学生参与各种学生社团。社团涵盖了艺术、体育、科技、文化等多个领域，为学生提供了一个展示自己才华和兴趣的平台。通过参加社团活

动，学生可以培养自己的专业技能，提高自信心，并与其他志同道合的同学建立深厚的友谊。

（2）组织各类学生活动，如学术讲座、文化艺术展览、志愿者服务等。学生活动不仅可用丰富学生的课余生活，还为其提供了与不同背景的人交流和合作的机会。通过参与这些活动，学生可以拓宽自己的视野，增加社会经验，培养自己的领导能力和团队合作精神。

（3）注重培养学生的创新能力和实践能力。学校可以通过设立创新创业基地，为有创业意向的学生提供资源和支持。学生可以在这里进行创业项目的策划和实施，锻炼自己的创新思维和实际操作能力。学校还与企业合作，为学生提供实习和就业机会，帮助其将所学知识应用到实际工作中。

6. 就业与创业指导

学校应为学生提供全方位的就业与创业指导服务。这些服务包括职业规划、就业指导和创业培训等，旨在帮助学生在毕业后能够找到适合自己的职业道路或成功创办自己的企业。

（1）提供职业规划服务，帮助学生了解自己的兴趣、能力和价值观，从而制定出符合个人发展目标的职业规划。通过与学生的深入交流为其提供个性化的建议和指导，帮助其明确自己的职业方向，并制订相应的学习和发展计划。

（2）提供就业指导服务，帮助学生提升就业竞争力。为学生提供就业信息和分析，帮助其了解各行各业的就业前景和岗位能力要求。组织各类就业技能培训和实践活动，如简历撰写、面试技巧、职业素养培养等，以提升学生的求职能力。

（3）提供创业培训服务，鼓励和支持有创业意向的学生。为学生提供创业知识和技能的培训，包括市场调研、商业计划书撰写、团队管理等方面的知识。邀请成功的创业者来分享其经验和故事，激励学生勇于创新和追求自己的创业梦想。

三、高校学生管理机构设置的现状及问题分析

1. 机构重叠与职责不清

部分高校存在多个学生管理机构，这导致了其相互间职责划分不清、工作重复和效率低下的问题出现。由于机构重叠，各个学生管理机构之间的职责边界模糊不清。例如，学生处、团委和学生会等部门可能都承担着类似的学生管理职责，但由于缺乏明确的分工，导致工作内容重复，资源浪费。

机构重叠也给学生带来了困扰。学生在面对不同的管理机构时，往往需要重复提交相同的材料或信息，这不仅增加了学生的负担，也浪费了其时间和精力。由于各个机构之间缺乏有效的沟通和协调，学生可能会面临信息不一致或冲突的情况，给其学习和生活带来了不便。

机构重叠还导致了工作效率低下。由于各个机构之间缺乏明确的职责划分，出现工作重复和资源浪费现象。由于各个机构之间的竞争和争夺资源，可能会出现推诿责任、互相扯皮的情况，进一步影响了学生管理的效率和质量。

2. 服务质量参差不齐

服务质量参差不齐是一个常见的问题。主要是由于管理水平和服务意识的差异所导致的。不同高校或同一高校的不同部门之间存在着较大的服务质量差异。

（1）管理水平的差异。管理水平的差异是导致服务质量参差不齐的原因之一。一些高校在管理方面投入了较多的资源和精力，建立了完善的管理体系和流程，从而能够提供高质量的服务。也有一些高校在管理方面存在不足，缺乏有效的监督和管理机制，导致服务质量无法得到有效保障。

（2）服务意识的差异。服务意识的差异也是影响服务质量的重要因素。

（3）高校或部门之间的差异。不同高校或同一高校的不同部门之间的差异也会导致服务质量的差异。一些高校或部门在资源配置、人员素质和服务设施等方面存在较大差距，从而导致服务质量的差异。例如，一些高校可能拥有先进的教学设备和实验室，能够提供更好的教学环境和实验条件，而另一些高

校则可能面临设备老化和资源匮乏的问题，影响了教学质量。

3．资源配置不合理

在一些高校中，学生管理机构的投入不足，人力、物力等资源紧张，导致这些高校难以满足学生日益增长的需求。

（1）人力资源。人力资源短缺是导致资源配置不合理的重要原因之一。学生管理机构需要有足够的工作人员来处理学生的事务和问题，但由于经费限制或其他原因，一些高校无法提供足够的人员支持。这导致了学生服务机构工作人员的工作量过大，无法及时处理学生的需求，从而影响了学生的学习和生活。

（2）物力资源的不足。物力资源的不足也是资源配置不合理的一个方面。学生管理机构需要提供各种设施和服务来满足学生的需求，如图书馆、实验室、体育场馆等。然而，由于资金有限，一些高校无法提供足够的物力资源，导致学生无法充分利用这些设施和服务，影响了其学习和发展。

4．缺乏创新意识

在当前的教育环境中，部分高校学生管理机构仍然墨守成规，缺乏创新意识和改革精神。这种保守的管理模式难以适应教育环境的变化和学生需求的变化。

随着科技的快速发展和社会的进步，教育环境也在不断变化。传统的学生管理方式已经无法满足现代学生的需求，而一些高校学生管理机构仍然固守着过时的管理理念和方法。

学生的需求也在不断变化。现代社会对学生的要求不再局限于传统的学科知识，更加注重学生的综合素质和实践能力。一些高校学生管理机构仍然过于注重学术成绩，忽视了学生的其他方面的发展。其缺乏对学生个性化需求的理解和关注，无法提供适合不同学生的个性化教育方案。

缺乏创新意识和改革精神也导致了学生管理机构的工作效率低下。传统的管理方式流程烦琐，信息传递不畅，决策效率低下，不仅浪费了宝贵的时间和资源，也给学生带来了不便。

四、优化高校学生管理机构设置的建议

1. 精简机构，明确职责

通过机构精简和职责明确，可以进一步提高工作效率和资源利用效益。这将有助于高校学生管理机构更好地应对挑战，实现组织的发展目标。

合并或撤销那些重复设置的机构，以消除冗余和浪费。通过整合相关部门和职能，可以更好地集中资源和精力，提高工作效能。

在机构精简的过程中，仔细评估各个部门的职责范围，并确保其清晰明确。每个部门有明确的职责和任务，避免工作重叠和资源浪费。通过明确职责，可以更好地分工合作，提高工作的协同性和效率。

通过建立一个框架，确保机构精简和职责明确的实施。这个框架应包括明确的流程和指导方针，以确保整个过程的顺利进行。制订详细的计划和时间表，确保各项任务按时完成。建立有效的沟通机制，以便各部门之间能够及时交流并协调工作。

2. 提高服务质量

为了确保为学生提供优质、高效的服务，高校应采取一系列措施来提高学生管理工作者的服务意识和能力，具体如下。

（1）组织定期的培训活动，包括专业知识培训、沟通技巧培训以及服务态度培训等。通过这些培训，不断提升学生管理工作者的专业素养和服务技能，更好地满足学生的需求。

（2）建立一套完善的考核机制，对学生管理工作者的服务表现进行评估和反馈。考核内容将包括服务态度、工作效率、问题解决能力等方面。通过定期的考核，可以及时发现问题并采取相应的改进措施，确保学生管理工作者始终保持高水平的服务质量。

（3）积极倾听学生的意见和建议，建立学生反馈渠道。学生满意度直接关系到高校服务质量。定期组织学生满意度调查，收集学生的意见和建议，并根据反馈结果进行相应的改进。通过与学生的密切互动，可以更好地了解其需

求，提供更加贴心和个性化的服务。

（4）加强团队合作和沟通，营造良好的工作氛围。学生管理工作者之间的合作和沟通是提高服务质量的关键。应鼓励学生管理工作者之间相互学习、相互支持，共同解决问题，提高工作效率。定期组织团队建设活动，增强团队凝聚力和协作能力。

3．合理配置资源

在学生管理机构中，合理配置资源是确保其正常运转的关键。为了实现这一目标，需要根据学生数量、需求和学校实际情况，合理分配人力、物力等资源。

（1）根据学生数量确定所需的人力资源。这包括学生管理人员、辅导员、教师等。通过对学生数量的准确统计和分析，确定每个岗位所需的人员数量，并确保每个岗位都有足够的人力资源来履行职责。还需要根据学生的需求来调整人力资源的配置。例如，如果某个班级的学生人数较多，可能需要增加辅导员的数量，以确保每个学生都能得到充分的关注。

（2）物力资源的合理配置是学生管理机构正常运转的重要保障。这包括教室、实验室、图书馆等教学设施的配备和维护。需要根据学生的实际需求和学校的预算情况，合理安排教学设施的配置和维护工作。例如，如果某个专业的实验需求较大，可能需要增加实验室和设备的数量，以满足学生的学习和实践需求。

（3）合理配置资源需要考虑到学校的财务状况和预算限制。要根据学校的财务状况和预算情况安排资源的使用和投入。在资源配置过程中，需要权衡各种因素，确保资源的合理利用和效益最大化。

4．鼓励创新改革

为了适应不断变化的教育环境并满足学生多样化的需求，需要积极鼓励学生管理机构进行创新尝试和改革探索。需要采取以下措施来推动创新和改革的实施。

（1）建立开放的创新平台，为学生管理机构提供充分的资源和支持，包括专门的创新实验室、技术设施和专业指导，以帮助学生管理机构实现其创新想法和项目。通过这个平台，学生管理机构可以自由地尝试新的教育方法和管理模式，从而不断改进和优化现有的运作方式。

（2）建立激励机制，以表彰和奖励在创新和改革方面表现突出的个人和团队。这些激励措施可以包括奖学金、荣誉称号、实习机会等，以激发学生管理机构的积极性和创造力。

（3）加强学生管理机构之间的交流与合作。通过定期举办创新论坛、研讨会和工作坊等活动，学生管理机构间可以分享彼此的经验和成果，相互学习和借鉴成功经验。

（4）加强对学生管理机构的培训支持。通过组织专业的培训课程和讲座，帮助学生管理机构提升创新能力和管理水平。通过提供专业的咨询和指导，帮助学生管理机构解决在创新和改革过程中遇到的问题和困难。

第二节 高校学生管理工作队伍建设

高校学生管理工作队伍是维护高校正常教学秩序、保障学生健康成长的重要力量。其职责涵盖了学生生活的方方面面，从学业指导到心理咨询，从生活服务到安全管理，都需要其付出辛勤的努力。当前高校学生管理工作队伍建设面临着诸多挑战，如队伍结构不合理、专业素养参差不齐、工作压力大等问题，不仅影响了学生管理工作的效果，也制约了高校教育质量的提升。

一、队伍建设的重要性和意义

随着社会的快速发展和教育改革的不断深化，高校学生管理工作队伍的建设显得愈发重要。这不仅是因为其是高校日常运作的核心，更是因为其在塑造学生未来、影响学校长远发展方面具有不可替代的作用。

（一）高校学生管理工作队伍是学生成长过程中的重要引导者

高校学生管理工作队伍在学生成长过程中扮演着重要的引导者角色。其工作范围广泛，涵盖了学生的学业、生活和心理等各个方面，对学生的全面发展起着至关重要的作用。

（1）在学业方面，管理工作队伍能够为学生提供个性化的指导和帮助。其了解每个学生的学习需求和特点，通过与学生的沟通和交流，能够准确把握学生的学习状况和困难所在。基于这些信息，其可以制订相应的学习计划和辅导方案，帮助学生提高学习效果，解决学习中的问题。其还能够引导学生树立正确的学习态度，培养学生的自主学习能力和创新思维，促进学生的发展。

（2）在生活方面，管理工作队伍关注学生的日常生活和社交情况。其能够及时发现学生在生活中的困扰和问题，并提供相应的帮助和支持。例如，对于一些生活困难的学生，其可以提供经济援助或协助申请奖学金；对于一些社交能力较弱的学生，其可以组织社交活动，帮助学生建立良好的人际关系。通过这些措施，管理工作队伍能够帮助学生解决生活中的问题。

（3）在心理方面，管理工作队伍重视学生的心理健康。其能够关注学生的情绪变化和心理状态，及时发现并解决学生的心理问题。其可以开展心理健康教育和心理咨询服务，帮助学生认识和管理自己的情绪，提高应对压力和困难的能力。其还能够组织各种形式的心理健康活动，增强学生的心理素质和抗压能力，促进学生的心理健康成长。

（二）高校学生管理工作队伍是高校教育质量的重要保障

高校学生管理工作队伍是高校教育质量的重要保障，其工作直接关系到学校的教学秩序和校园安全，对于维护学校的稳定和发展具有重要意义。一个高效、专业的管理工作队伍能够确保学校各项工作的顺利进行，为学校的教育教学质量提供有力保障。

（1）高校学生管理工作队伍在维护教学秩序方面发挥着重要作用。其负责制定学生行为规范，监督学生的学习纪律和课堂秩序，确保教学活动的正常进行。通过及时处理学生的违纪行为，维护教师的教学权威，提高学生的学习积极性和效果。其还负责组织和管理学生考试、评优评奖等工作。

（2）高校学生管理工作队伍在校园安全方面承担着重要责任。其负责制定和实施校园安全管理规章制度，加强校园安全巡查和防范工作，确保学生的人身安全和财产安全。其与公安机关、社区等相关部门密切合作，建立联防联控机制，及时应对各类突发事件，保障学生的安全。其还负责开展安全教育和心理健康教育，提高学生的安全意识和自我保护能力。

（3）高校学生管理工作队伍在学校稳定和发展中发挥着重要作用。其负责学生的思想教育和引导工作，关注学生的成长和发展需求，提供必要的帮助和支持。其组织开展各类文体活动和社团组织，丰富学生的课余生活，培养学生的综合素质。其还负责学生就业指导和创业培训，帮助学生顺利就业或创业，为社会培养高素质的人才。

（三）高校学生管理工作队伍是高校与学生之间的重要沟通桥梁

高校学生管理工作队伍在高校与学生之间扮演着沟通桥梁的角色。其不仅是管理者，更是学生的朋友和倾听者。通过与学生的密切接触，及时了解学生的需求和意见，并将这些信息反馈给学校。

（1）学生管理工作队伍能够深入了解学生的需求和意见。其通过与学生的面对面交流、组织座谈会、开展问卷调查等方式，积极倾听学生的心声。无论是关于课程设置、教学质量、校园设施还是其他方面的问题，学生管理工作队伍都能够及时了解到，并积极向学校反馈。这种及时的反馈机制，使得学校能够更好地了解学生的期望和需求，从而采取相应的措施来满足学生的要求。

（2）学生管理工作队伍能够将学校的政策、规定等信息及时传达给学生。其通过各种渠道，如班级会议、校园广播、学校网站等，向学生传达学校的重要政策和规定。不仅能够确保学生对学校政策的了解和遵守，还能够提高学生对学校的认同感和归属感。

（3）学生管理工作队伍能够为学生提供必要的帮助和支持。其关注学生的学习和生活情况，及时发现并解决学生在学习和生活中遇到的问题。无论是学习上的困难、心理问题还是其他方面的困扰，学生管理工作队伍都会积极提

供帮助和支持，帮助学生克服困难，保持良好的学习和生活状态。

二、高校学生管理工作队伍的构成和职责

高校学生管理工作队伍是一个多元化、专业化的团队，涵盖了多个部门和专业领域的人员，其共同为学生的全面发展提供全方位的支持和指导。

1．学生处

学生处作为学校中负责学生管理工作的核心部门，承担着重要的责任和使命。其主要职责包括制定和执行学生管理政策，监督学生的日常行为规范，以及处理学生的违纪行为。

（1）学生处负责制定和执行学生管理政策。这些政策旨在维护学校的秩序和正常教学秩序，保障学生的学习权益。学生处制定出科学合理的管理政策，确保学生在校园内能够遵守规章制度，形成良好的行为习惯。

（2）学生处负责监督学生的日常行为规范。其通过定期巡查、随机抽查等方式，对学生的行为进行监督和管理。一旦发现学生存在违规行为，学生处会及时采取相应的措施，进行教育和引导，帮助学生认识到错误，并改正不良行为。

（3）学生处承担着学生的思想政治教育和心理健康教育的重要任务。其通过开展各种形式的教育活动，引导学生树立正确的世界观、人生观和价值观。学生处在培养学生的道德品质、社会责任感和公民意识方面发挥着重要作用。学生处还关注学生的心理健康问题，提供心理咨询和支持，帮助学生解决心理困扰，增强学生的心理素质。

2．团委

团委在高校中扮演着引领青年学生思想、组织青年学生参与社会实践的重要角色。其负责学生团组织的建设和管理，致力于培养学生的团队协作精神和社会责任感。

（1）团委通过开展各种校园文化活动，为学生提供了一个展示自己才艺和交流的平台。这些活动包括文艺演出、学术讲座、体育竞赛等，不仅丰富了

学生的课余生活，还促进了学生之间的交流与合作。通过参与这些活动，学生们能够培养自己的表达能力、团队合作能力和领导才能，为其未来的发展打下坚实的基础。

（2）团委组织学生参与社会实践活动，让其亲身感受社会的多样性和复杂性。这些实践活动可以包括志愿者服务、社区调研、实习实训等。通过参与这些活动，学生们能够了解社会的需求和问题，培养自己的社会责任感和公民意识。这些实践活动也提供了学生们锻炼自己能力的机会，让其在实践中不断成长和发展。

（3）团委负责学生团组织的建设和管理。其积极引导学生团组织的发展和壮大，提供必要的支持和指导。团委会定期组织团干部培训，提升其组织管理能力和领导水平。团委还会与学校其他部门合作，共同推动学生团组织的发展。

3. 宿舍管理部门

宿舍管理部门是学校中负责管理和维护学生宿舍的重要部门。其职责不仅是分配和管理宿舍，更重要的是确保学生在校期间能够享受到一个安全、舒适的住宿环境。

（1）宿舍管理部门负责学生宿舍的分配工作。其会根据学生的年级、性别和专业等因素，合理地安排学生的住宿位置。通过科学的分配方式，可以保证学生之间的相互交流和学习氛围的良好发展。

（2）宿舍管理部门负责学生宿舍的管理和维护工作。其会定期检查宿舍的卫生状况，确保宿舍的整洁和卫生。其还会及时处理宿舍设施的维修和更换，保证学生的基本生活设施的正常运行。宿舍管理部门还会制定相关的管理规定，引导学生遵守宿舍纪律，维护宿舍的安全和秩序。

4. 就业指导中心

在当前高校毕业生就业压力增大的背景下，就业指导中心的作用越发凸显。其负责为学生提供职业规划指导、就业信息发布、求职技巧培训等服务，帮助学生顺利实现从学校到职场的过渡。其还负责创业教育和培训，鼓励学生自主创业，培养学生的创新意识和创业能力。

（1）为学生提供个性化的职业规划指导。就业指导中心通过与学生的深入交流和了解，能够准确把握学生的兴趣、特长和职业目标，帮助学生制订合理的职业规划，并提供相关的职业咨询和建议。有助于学生更好地了解自己的优势和劣势，明确自己的职业发展方向。

（2）发布及时准确的就业信息。就业指导中心与各大企事业单位建立了紧密的合作关系，可及时了解到各类就业机会和招聘信息。通过建立就业信息平台，其将这些信息整合并发布给学生，帮助学生了解就业市场的动态，提供就业选择。其还组织各类就业招聘会和企业宣讲会，为学生提供更多的就业机会和与企业面对面交流的机会。

（3）提供求职技巧培训。就业指导中心邀请专业的职业顾问和人力资源专家，为学生提供面试技巧、简历撰写、职业素养等方面的培训。通过模拟面试、案例分析等方式，其帮助学生提升求职竞争力，增强自信心，提高应对各种求职挑战的能力。

（4）致力于创业教育和培训，使学生具备创新意识和创业精神，培养其创业能力和团队合作意识。就业指导中心通过开设创业课程、举办创业讲座和创业比赛等活动，激发学生的创业潜能，帮助其了解创业的基本知识和技能，并提供创业项目的孵化和支持。

三、队伍建设的现状及问题分析

当前高校学生管理工作队伍建设存在亟待解决的问题。不仅制约了队伍的整体素质和工作能力的提升，也影响了高校教育质量和学生的全面发展。加强高校学生管理工作队伍建设成为当前高校教育改革的一项紧迫任务。

1. 队伍结构不合理

目前，部分高校学生管理工作队伍在年龄、学历和专业结构上存在明显的不合理现象。这种不合理的结构不仅影响了工作效率，也制约了学生管理工作队伍的长期发展。

（1）老龄化趋势明显，年轻力量不足，缺乏活力和创新精神。随着社会的发展，学生管理工作面临着新的挑战和需求，需要相关人员具备与时俱进的思维和创新能力。由于队伍中年轻人才的比例较低，导致工作队伍整体缺乏新鲜血液和活力。

（2）高学历、专业化人才比例偏低，难以满足新形势下学生管理工作的需要。随着教育水平的提高和学生需求的多样化，学生管理工作需要具备更高的专业素养和知识水平。目前部分高校学生管理工作队伍中，高学历、专业化人才的比例相对较低。这导致了队伍在面对复杂问题时，缺乏专业知识和技能的支持，难以提供有效的解决方案和服务。

2. 专业素养参差不齐

由于学生管理工作队伍人员的来源广泛，部分人员在上岗前并未接受过系统的专业培训，导致其专业素养和技能水平参差不齐。这种情况在面对学生日益增长的多元化需求时，显得尤为突出。学生们的需求不再局限于传统的学习辅导和生活管理，而是涉及心理健康、职业规划、创新创业等多个领域。由于部分管理人员缺乏相关知识和技能，其往往感到力不从心，难以提供高质量的服务。

由于缺乏专业知识和技能，一些管理人员在处理学生问题时可能存在一定的盲区。其可能无法准确理解学生的需求，也无法提供有效的解决方案。可能导致学生的问题得不到妥善解决，甚至引发更大的矛盾和纠纷。学校应该加强对管理人员的专业知识和技能培训，提高其解决问题的能力和水平。

3. 培训机制不完善

当前部分高校在学生管理工作队伍的培训机制上存在明显不足。为了提升培训效果，高校应该加强培训内容的针对性和实用性，采用多样化的培训形式，增加互动性和实践性；建立有效的激励机制和考核机制，激发学员的学习积极性和主动性。才能更好地提升学生管理工作队伍的专业素养和能力水平。

（1）培训内容缺乏针对性和实用性，难以满足管理工作者的实际需求。由于学生管理工作的特殊性和复杂性，培训内容应该紧密结合实际工作场景，提供实用的技能和知识，帮助管理工作者更好地应对各种挑战和问题。目前一些高校的培训内容过于理论化，缺乏实际操作指导，导致管理工作者在实际工

作中难以应用所学知识。

（2）培训形式单一，缺乏互动性和实践性，导致培训效果不佳。传统的培训方式往往是单向传授知识，缺乏与学员的互动和交流。这种形式的培训往往难以激发学员的学习兴趣和积极性，也难以培养学员的实际操作能力。高校应该采用更加灵活多样的培训形式，如案例分析、角色扮演、团队合作等，以增加学员的参与度和学习效果。

（3）由于缺乏有效的激励机制和考核机制，管理工作者参与培训的积极性不高。激励机制是激发学员学习动力的重要手段，而考核机制则是对学员学习成果进行评估和反馈的重要途径。目前一些高校的培训机制中，缺乏明确的激励措施和有效的考核方式，导致学员对培训缺乏积极性和主动性。高校应该建立完善的激励机制和考核机制，通过奖励制度、晋升机会等方式，激发学员的学习热情和动力。

4．工作压力大

学生管理工作是一项综合性的工作，涉及学生的学业、生活、心理等各个方面。由于学生数量众多，管理工作者需要处理大量的琐碎事务，这使得学生管理工作者的工作量庞大而繁重。同时，随着社会的不断发展和教育改革的推进，学生面临的问题也日益复杂多样，管理工作者需要投入更多的时间和精力来应对各种突发事件。

在学生管理工作中，管理工作者需要关注学生的学习情况，包括课程安排、学习进度、考试成绩等。其需要与教师、家长和学生进行沟通，了解学生的学习需求和问题，并提供相应的解决方案。此外，管理工作者还需要关注学生的生活状况，包括住宿、饮食、卫生等方面，确保学生的生活环境安全舒适。除了学业和生活方面的工作，学生管理工作者还需要关注学生的心理健康。其需要与学生建立良好的关系，倾听学生心声，关注学生情绪变化，并提供必要的帮助。在面对学生的心理问题时，管理工作者需要具备一定的专业知识和技能，以便其能够有效地应对各种挑战。然而，长期的工作压力对学生管理工作者产生了一定的影响。由于工作量大且琐碎，其常常需要加班加点，甚至牺牲个人的休息和娱乐时间。这种长期的工作负荷容易导致其产生职业倦怠，失去对工作的热情和动力。职业倦怠不仅会影响工作积极性和效率，还可能对管理工作者的身心健康造成负面影响。

四、加强高校学生管理工作队伍建设的措施

为了更好地适应高校教育改革的需求，提升学生管理工作的效率和质量，以下提出了一系列加强高校学生管理工作队伍建设的具体措施。

1. 优化队伍结构

高校应积极通过多渠道招聘和选拔，吸引更多具有专业背景、高学历和丰富经验的优秀人才加入学生管理工作队伍。要关注队伍的年龄、学历和专业结构，确保其在各个方面都能达到均衡和优化的状态。通过为队伍引入新鲜血液，不仅可以改善队伍的整体素质，还能为其带来更多的活力。

建立多元化的招聘渠道。除了传统的校园招聘和人才市场，高校还可以利用互联网平台、社交媒体等新兴渠道来扩大招聘范围。通过与相关企业、机构合作，开展校企合作项目，吸引更多有实践经验的人才加入学生管理工作队伍。

2. 加强专业培训

针对当前学生管理工作者专业素养参差不齐的问题，高校应定期组织各类专业培训和研讨会，以提升其专业知识和技能。这些培训活动涉及学生心理咨询、职业规划、危机处理等各个方面，以确保管理工作者能够为学生提供全面、专业的服务。

（1）学生心理咨询是学生管理工作不可或缺的一部分。通过专业培训，管理者可以学习如何有效地与学生进行沟通，了解其内心需求和困惑，并提供相应的心理支持和指导。培训还可以帮助管理者掌握一些常见的心理问题和应对策略，以便更好地应对学生的心理困扰。

（2）职业规划是学生管理工作的重要内容。通过专业培训，管理者可以了解不同行业的职业发展趋势和就业市场需求，帮助学生制订合理的职业规划和发展目标。培训还可以提供一些实用的职业技能和求职技巧，帮助学生提升

就业竞争力。

（3）危机处理是学生管理工作必须面对的挑战之一。通过专业培训，管理者可以掌握应对各种突发事件和危急情况的方法。培训可以提供一些应急处理的基本原则和方法，帮助管理者在危急时刻保持冷静并采取正确的措施。

高校可以邀请行业专家或优秀代表进行经验分享。这些专家和代表可以分享其在学生管理领域的成功经验和实践案例，提供宝贵的借鉴和启发。同时，通过与专家和代表的交流，管理者还可以拓宽自己的视野，了解行业的最新动态和发展趋势。

3. 完善培训机制

为了确保学生管理工作者能够不断适应教育环境的变化和学生需求的变化，高校应建立完善的培训机制。这包括岗前培训、在岗培训和定期进修等各个阶段，确保管理工作者在每个阶段都能获得必要的支持和指导。培训内容应根据实际需求进行调整和更新，以保持其时效性和实用性。

（1）高校应该为学生管理工作者提供全面的岗前培训。在岗前培训中，管理工作者可以学习到学生管理的基本理论和实践技能，了解学校的管理制度和政策，掌握与学生沟通和协调的技巧。岗前培训还可以帮助管理工作者建立起对学生管理工作的正确认知和态度，为其未来的工作打下坚实的基础。

（2）高校应该为学生管理工作者提供持续的在岗培训。在岗培训可以帮助管理工作者不断提升自己的专业能力和管理水平。通过定期的培训课程、研讨会和工作坊等形式，管理工作者可以学习到最新的教育理念和管理方法。在岗培训还可以促进管理工作者之间的交流和合作，分享经验和解决问题的方法，提高整个团队的工作效率和质量。

（3）高校应该鼓励学生管理工作者进行定期的进修。进修可以帮助管理工作者不断拓宽自己的知识面和视野，提高自己的综合素质和能力。通过参加学术会议、研究项目和进修班等活动，管理工作者可以接触到最新的研究成果和教育趋势，了解到国内外学生管理的最佳实践。

4. 加强交流与合作

在当今社会，高校之间的合作与交流已经成为提升学生管理工作水平的重要途径。通过定期组织研讨会、交流会等活动，不仅可以促进不同高校之间管理经验和资源的共享，还能够共同提高学生管理工作的效率和质量。与社会相关机构的合作也能够为学生管理工作者提供更多的实践机会和资源支持。

（1）高校之间的合作与交流可以促进管理经验的共享。不同高校在学生管理方面可能存在着各自独特的经验和方法。通过定期的研讨会和交流会，高校管理者可以互相分享自己的成功经验和教训，从而相互借鉴和学习。这种经验共享可以帮助高校管理者更好地了解其他高校的管理实践，拓宽自己的思路，提高学生管理工作的水平和效果。

（2）高校之间的合作与交流可以促进资源的共享。不同高校在学生管理方面可能拥有不同的资源，如优秀的教师团队、先进的教育设施等。通过合作与交流，高校可以共享这些资源，实现优势互补，提高学生管理工作的质量和效率。例如，一些高校可能在心理健康教育方面有着丰富的经验和资源，而另一些高校可能在职业规划方面有着独特的优势。通过合作与交流，这些高校可以共同开展心理健康教育和职业规划活动，为学生提供更全面的支持和服务。

（3）与社会相关机构的合作也能够为学生管理工作者提供更多的实践机会和资源支持。通过与社会相关机构的合作，学生管理工作者可以深入了解社会需求和就业市场的变化，及时调整学生管理工作的方向和内容。社会相关机构也可以为学生管理工作者提供实践机会和资源支持，帮助其更好地开展工作，提高学生的综合素质和就业竞争力。

5. 减轻工作压力

在高校中，学生管理工作者扮演着重要的角色，其负责管理学生的日常生活和学习。由于工作量较大，其常常长时间处于高压状态，这对其身心健康和工作效率都会产生负面影响。因此，高校应该采取一系列措施来减轻管理工作者的工作压力。

（1）高校应该合理安排学生管理工作者的工作量。管理者的工作量过大会导致其无法有效地完成工作，同时也会增加其心理压力。因此，高校可以通过合理分配工作任务、提供必要的支持和资源等方式，确保管理工作者能够有足够的时间和精力来完成工作。

（2）高校应该建立健全的奖惩机制，对表现优秀的管理工作者给予适当的奖励和荣誉。这样可以激发管理工作者的工作积极性和创造性，让其感受到自己的努力和付出得到了认可和回报。这也可以起到激励其他管理工作者的作用，促使其更加努力地工作。

（3）高校还可以通过提供心理辅导、组织团队活动等方式，帮助管理工作者缓解工作压力，保持良好的工作状态。心理辅导可以帮助管理工作者认识和应对工作中的压力，提高其心理素质和抗压能力。而组织团队活动可以增强管理工作者之间的沟通和合作，促进团队凝聚力和工作效能的提升。

第三节　高校学生管理工作者素质研究

随着高等教育的快速发展，高校学生管理工作者的重要性日益凸显，其素质和能力直接关系到学生的成长和校园和谐。在当今时代背景下，探究高校学生管理工作者的素质不仅是对高校管理能力的关注，更是对高校教育质量的关注。通过深入研究和分析，我们能够更清晰地了解高校学生管理工作者应具备的素质和能力，进而提出有效的提升策略，为高校提高管理能力和学生的全面成长奠定坚实基础。

一、素质研究的必要性和意义

在当今社会，高校学生管理工作者的角色与职责变得越来越复杂和多元。其不仅要处理学生的日常行政事务，更要关注学生的心理健康、思想动态、学术发展以及职业规划等各个方面。对于这一群体素质的深入研究，不仅是对其个人职业成长的关注，更是整个高等教育体系健康、有序发展的保障。

（1）素质研究能够明确高校学生管理工作者的核心能力和素质要求。面对日新月异的教育环境和学生多样化的需求，管理工作者必须具备高度的敏锐性和适应性。通过深入的研究，可以清晰地明确胜任这一岗位所需的专业知识、技能等，为高校在选拔、培训管理工作者时提供明确的标准。

（2）素质研究有助于提升高校学生管理工作的整体质量。当学生管理工作者具备了必要的素质和能力时，其更能够理解和满足学生的需求，提供更加个性化、专业化的服务。不仅有助于提高学生的满意度和归属感，还能为高校创造一个和谐、稳定的校园环境。

（3）从长远的发展角度看，素质研究对于高校学生管理工作者的职业成长和教育改革的推进都具有重要意义。随着教育改革的不断深化，学生管理工作者的角色也在不断地发生变化。通过持续的素质研究，可以及时捕捉到这些变化，并为学生管理工作者的职业发展提供有力的支持。这些研究也能为高校教育改革的决策者提供有价值的参考，推动高校教育改革更加科学、有效地进行。

二、高校学生管理工作者应具备的素质和能力

随着时代的发展和社会的进步，高校学生管理工作者所承担的职责越来越重，对其素质和能力的要求也越来越高。以下是高校学生管理工作者应具备的素质和能力：

1. 政治素质

在多元化的社会背景下，高校学生管理工作者必须具备坚定的政治方向和较高的政治觉悟。其应当深刻理解国家的教育方针和政策，确保在学生管理工作中始终保持正确的政治导向。其还应具有政治敏锐性，能够引导学生开展思想政治教育活动，确保校园环境的和谐稳定。

2. 道德素质

作为与学生接触最密切的教育工作者之一，高校学生管理工作者的道德素质直接关系到学生的道德养成。其必须具备高尚的职业道德，如公正、诚信、尊重等，并在日常工作中以身作则，为学生树立良好的道德榜样。此外，还应注重个人品质修养，以自身的人格魅力影响和感染学生。

3．知识素质

高校学生管理工作涉及多个领域，如教育学、心理学、社会学等。因此，管理工作者必须具备相关学科知识，以便更好地理解和解决学生面临的各种问题，随着社会的不断发展和科技的不断进步，其还需要持续学习，更新自己的知识体系，以适应不断变化的学生需求和教育环境。

4．能力素质

高校学生管理工作者需要具备一系列能力以应对复杂多变的工作环境。这包括良好的组织协调能力，能够高效地组织和协调各方资源为学生提供优质的服务；出色的沟通能力，能够与学生、教师、家长等各方进行有效的沟通，及时了解并解决学生的问题；强大的应变能力，能够灵活应对各种突发事件和紧急情况，确保校园的安全稳定。

5．心理素质

面对繁重的工作压力和复杂的工作环境，高校学生管理工作者需要具备良好的心理素质。其应能够保持健康的心理状态，积极面对工作中的挑战和压力。其还应具备心理调适能力，能够在遇到挫折和困难时及时调整自己的心态，保持冷静和乐观的态度继续前行。

三、当前高校学生管理工作者素质的现状及问题

在当前的高等教育体系中，高校学生管理工作者的素质和能力在很大程度上决定了学生管理工作的质量和效果。在实际工作中，大多数管理工作者都表现出较高的专业素养和能力，但也存在一些不容忽视的问题。

（一）部分高校学生管理工作者缺乏必要的专业素养和技能

随着高校规模的扩大和学生数量的增加，学生需求的多样性和复杂性也在不断提高。一些学生管理工作者由于专业背景不匹配、培训不足等原因，面临着有效应对这些挑战的困难。在处理学生问题时可能显得力不从心，无法满足

学生日益增长的需求，从而影响了学生管理工作的效果。

（1）一些学生管理工作者的专业背景与学生管理工作的要求不完全匹配。学生管理工作者可能对学生管理的理论和实践知识了解有限。导致其在面对学生问题时缺乏针对性的解决方案，难以提供有效的指导和支持。

（2）一些学生管理工作者没有及时接受培训。尽管高校可能会为学生管理工作者提供一定的培训机会，但由于时间和资源的限制，培训内容可能不够全面和深入。一些学生管理工作者可能缺乏主动学习的意识，没有及时更新自己的知识和技能，导致其在工作中的表现不尽如人意。

（3）一些学生管理工作者在处理学生问题时缺乏足够的经验和技巧。由于学生问题的复杂性和多样性，需要学生管理工作者具备一定的应变能力和解决问题的能力。一些学生管理工作者可能缺乏实践经验，对于一些特殊情况和复杂问题处理不当，导致问题的进一步恶化。

（二）职业倦怠现象在部分高校学生管理工作者中较为普遍

近年来，随着高校学生管理工作日益复杂化和繁重化，一些学生管理工作者逐渐面临着工作压力大、工作内容重复单调等问题。导致其逐渐失去了对工作的热情和动力，表现出工作效率下降、态度消极等现象。不仅影响了个人的职业发展，也对学生管理工作带来了负面影响。

（1）职业倦怠使得学生管理工作者的工作效率明显下降。由于长期面对重复的工作内容和烦琐的管理流程，使学生管理工作者逐渐失去了对工作的兴趣和动力，导致工作效率降低。其可能会拖延处理事务，无法及时完成工作任务，甚至出现疏忽和错误。这不仅给学生管理工作带来了困扰，也影响了学生的学习和生活。

（2）职业倦怠使得学生管理工作者的态度变得消极。由于长期面对高强度的工作压力和缺乏新鲜感的工作内容，其逐渐失去了对工作的激情和热情，表现出消极的态度。其可能会对工作抱怨不已，缺乏积极性和主动性，甚至出现情绪低落和抑郁的情况，影响了学生管理工作的质量。

（3）职业倦怠对学生管理工作者的个人职业发展产生了负面影响。由于长期处于工作状态中，其可能无法充分发展和提升自己的专业能力和技能，导

致个人职业发展受限。职业倦怠也会影响其工作表现和评价，进而影响到晋升和职业发展的机会。这使得一些学生管理工作者感到迷茫和失落，缺乏对未来的规划和目标。

四、提升高校学生管理工作者素质的途径和方法

面对当前高校学生管理工作者素质存在的问题和挑战，采取积极有效的措施提升其素质显得尤为重要。以下是一些建议。

1. 深化专业培训体系

为了应对学生需求的多样性和复杂性，高校应定期组织各类专业培训和研讨会，确保管理工作者能够持续更新自己的知识。这些培训内容可以涵盖教育学、心理学、学生事务管理、危机应对等多个方面，以确保管理工作者具备全面的专业素养。

（1）教育学是管理工作者必须掌握的基础知识。通过学习教育学，管理工作者可以了解教育理论、教学方法和教育评估等方面的知识，从而更好地指导学生的学习和发展。教育学还可以帮助管理工作者了解学生的心理特点和需求，以便更好地与学生进行沟通和交流。

（2）心理学也是管理工作者必备的知识之一。通过学习心理学，管理工作者可以了解学生的心理发展规律、心理问题和心理干预方法等方面的知识，从而更好地关注学生的心理健康。

（3）危机应对也是管理工作者必须具备的能力之一。在高校中，可能会发生各种突发事件和危机情况，如校园安全事件、学生心理健康问题等。通过学习危机应对，管理工作者可以了解危机处理的原则和方法，从而能够迅速、有效地应对各种危机情况，保障学生的安全和利益。

2. 构建激励机制

为了提升管理工作者的积极性和工作效率，建立健全的奖惩机制是十分重要的。高校可以通过多种方式来实施这一机制，以确保管理工作者在工作中能够充分发挥自己的能力和潜力。

（1）高校可以设立优秀管理工作者奖项，以表彰那些在工作中表现出色的管理工作者。这些奖项可以根据特定项目或任务的表现来评选的。通过这种方式，管理工作者将得到公正的认可和奖励，从而激发其更加努力地工作和追求卓越。

（2）高校还可以通过设立晋升通道和明确的晋升标准，管理工作者将有机会在职业生涯中不断提升自己的职位和责任。这种晋升机制不仅可以激励管理工作者不断学习和成长，还可以为其提供更多的发展机会和挑战，从而进一步提升其工作动力和积极性。

（3）对于那些在工作中存在不足或者出现错误的管理工作者，高校也应该有相应的惩罚措施。这些惩罚可以是口头警告、书面批评、培训教育等形式，旨在让管理工作者认识到自己的错误，并从中吸取教训。通过这种方式，管理工作者将更加注重细节和质量，避免重复犯错，从而提高整体工作水平和效率。

3. 关注心理健康

管理工作者的心理健康状况对于其工作效果具有直接的影响。在高校中，为了保障管理工作者的心理健康，应设立专门的心理咨询机构或者定期邀请心理专家为管理工作者提供心理辅导。可以帮助管理工作者缓解工作压力，增强心理韧性，从而更好地应对工作中的挑战和困难。

除了提供心理辅导外，高校还可以定期开展心理健康教育和培训活动。这些活动旨在提高管理工作者的自我调适能力，使其能够更好地应对工作中的压力和挑战。通过心理健康教育和培训，管理工作者可以学习到一些有效的应对策略和技巧，如情绪管理、压力释放、自我调节等，从而提高自身的心理素质和抗压能力。

此外，高校还可以建立一套完善的心理健康管理体系，包括定期进行心理健康评估、提供心理咨询服务、组织心理健康讲座和培训等。通过心理健康管理体系，管理工作者可以及时了解自己的心理健康状况，并得到专业的帮助和支持。高校还可以鼓励管理工作者积极参与心理健康活动，如参加心理辅导小组、参与心理健康俱乐部等，以促进其心理健康发展。

4. 强化团队建设与合作精神

学生管理工作并非一项单打独斗的任务，而是需要整个团队的紧密协作和合作。为了提升高校学生管理工作的效果，学校可以采取一系列措施来加强团队建设和培养合作精神。

（1）学校可以定期组织各种团队建设活动，如拓展训练、团队讨论等。可以帮助管理工作者更好地了解彼此，增进沟通和信任。通过共同面对挑战和解决问题，团队成员之间的默契和团结感也会得到增强。

（2）学校应该鼓励团队成员之间分享经验和知识。每个成员都有自己的专长和经验，通过互相交流和学习，可以形成互相支持和共同进步的良好氛围。例如，可以定期组织经验分享会，让团队成员分享自己在学生管理中的成功案例和教训，从而激发其他成员的学习热情和创新思维。

（3）学校还可以建立有效的团队合作机制。例如，可以设立专门的团队工作小组，由不同部门的成员组成，共同负责学生管理工作的某个方面。通过团队合作，可以充分发挥每个成员的优势，提高工作效率和质量。学校还可以制定明确的工作分工和责任制度，确保团队成员在合作中能够明确自己的角色和任务，避免出现工作重叠或责任模糊的情况。

5. 开展实践与反思

为了提升管理工作者的能力和水平，鼓励其在日常工作中进行实践与反思。通过案例分析、经验分享等方式，管理工作者可以不断总结经验教训，从而提升解决问题的能力。

（1）建立定期的工作评估机制，让管理工作者对自己的工作进行自评和互评。这样的评估机制可以帮助管理工作者发现自身的不足之处，并及时进行改进。通过自我评估，管理工作者可以深入思考自己的工作表现，找出当前存在的问题和不足，并制订相应的改进计划。而互评则可以让管理工作者从他人的角度审视自己的工作，获得更全面的评价和建议。

（2）通过案例分析和经验分享来帮助管理工作者学习和借鉴他人的成功经验和教训。在工作中遇到问题时，管理工作者可以主动寻找类似案例，并进行深入分析和讨论。通过与他人的交流和学习，其可以更好地理解问题的本质和解决方法，从而提升自己的解决问题的能力。管理工作者也可以将自己的经验和教训分享给他人，帮助其避免犯同样的错误，共同进步。

（3）通过培训和学习机会来支持管理工作者的实践与反思。组织内外的培训课程、研讨会和讲座等都可以为管理工作者提供学习和交流的平台。通过参加这些活动，管理工作者可以接触到最新的管理理论和实践，了解行业的最新动态和趋势，从而不断提升自己的专业素养和能力。

6．促进交流与合作

为了加强不同高校之间学生管理工作者的交流与合作，可以采取多种方式，如校际交流和学术研讨会等。通过这些平台，可以共享资源、交流经验，并共同解决学生管理中的问题。

（1）校际交流是一种有效地促进交流与合作的方式。不同高校的学生管理工作者可以互相访问，了解彼此的管理经验和做法。这种交流可以帮助我们拓宽视野，了解其他高校在学生管理方面的创新和成功经验。也可以向其他高校学习，借鉴其优秀做法，提升自己的管理水平。

（2）学术研讨会是另一个重要的交流与合作平台。可以邀请其他高校的学生管理工作者参加学术研讨会，分享其研究成果和实践经验。通过与其他高校的专家进行深入的学术交流，可以深入了解学生管理领域的最新动态和前沿理论，从而提升自己的专业素养和能力。

（3）通过建立学生管理工作者的交流平台，如在线论坛或社交媒体群组，促进交流与合作。这些平台可以在日常工作中随时交流问题和经验，分享解决方案和资源。通过这种方式，可以更加便捷地与其他高校的学生管理工作者进行互动，共同解决问题，提高工作效率和质量。

7．制订并执行明确的职业发展规划

制订个性化的职业发展规划旨在明确每位管理者的职业目标和发展路径，为其提供清晰的方向和指导。

（1）与每位管理工作者进行深入的沟通和了解，了解其职业兴趣、技能和价值观。通过这些信息，可以更好地理解其需求和期望，从而为其量身定制职业发展规划。

（2）在制订职业发展规划时，考虑每位管理者的现状和潜力。评估其工作经验、技能水平和领导能力，并与其共同设定明确的职业目标。目标可以是晋升到更高级别的管理职位，也可以是发展特定的专业技能或领域知识。

（3）一旦职业发展规划确定，与每位管理工作者一起制订详细的行动计划。计划将包括具体的培训和发展机会，以及必要的资源和支持。为每位管理者提供相关的培训课程和导师指导，帮助其提升所需的技能和知识。

（4）定期与每位管理工作者进行跟踪和评估。与其一起回顾职业发展规划的进展，并提供反馈和建议。可以帮助管理工作者及时调整和优化自己的发展路径，确保其在职业生涯中不断成长和进步。

第三章

高校学生管理规章制度

在高等教育体系中，学生管理规章制度不仅是维护校园秩序、促进学术发展的重要手段，更是培养学生自律精神、责任意识和社会适应能力的重要手段。这些规章制度保护了学生的合法权益，也为高校提供了一个明确、有序的管理框架。随着时代的进步和教育理念的不断更新，学生管理规章制度的制定与执行也需要与时俱进，注重灵活性、科学性和人文关怀，以适应日益多样化的学生群体和复杂多变的教育环境。

第一节　高校学生管理规章制度概述

高校学生管理规章制度是高等教育体系中不可或缺的一部分，承载着维护校园秩序、保障学生权益等多重使命。高校管理规章制度不仅为学生提供了明确的行为准则，也为高校管理者提供了有力的管理工具，确保了教育资源的高效利用。在历史长河中，高校学生管理规章制度随着教育理念的发展和社会环境的变迁不断演进，逐渐形成了现今全面、科学的体系。其结构之严谨、内容之丰富，既体现了对学生全面发展的关注，也彰显了高等教育管理的专业性和复杂性。

一、高校学生管理规章制度的意义

高校学生管理规章制度的意义是多方面的。必须高度重视高校学生管理规章制度的制定和执行，不断完善和创新，以适应高等教育发展的新时代要求。

1. 教育引导

高校学生管理规章制度以明文规定的形式，将高校的教育理念、价值观和行为标准传达给学生。通过明确学生的行为和学术规范，规章制度在无形中引导着学生向着积极、健康的方向发展，帮助其塑造良好的人格和学术品质。

2. 学生权益保障

学生管理规章制度通过明确的权益规定和申诉机制，确保学生的合法权益得到保护，防止高校随意的管理行为和学生遭受到不公平待遇现象的出现。

3. 秩序维护

高校是一个复杂的组织系统，包含着多种活动和利益关系。为了确保这个系统的顺畅运行，必须有一套行之有效的规则来维护秩序。学生管理规章制度通过规定学生的行为准则和违规处罚措施，有效地维护校园的秩序和安全，保障教学和科研活动的正常进行。

4. 学生品德塑造

高校不仅是传授知识的地方，更是培养学生品德的摇篮。学生管理规章制度在学生品德教育方面发挥着重要的作用。如通过倡导诚信、尊重、责任和公正等价值观，帮助学生树立正确的道德观念，形成健全的人格，培养出对社会有益的优秀人才。

5. 提高管理效率

对于高校管理者而言，学生管理规章制度是提高管理效率的重要因果。这些规章制度为管理者提供了清晰的管理框架和决策依据，使得管理工作能够有

章可循、有据可查。这不仅提高了管理的效率和效果，也减少了管理过程中的主观性和随意性，增强了管理的公正性和透明度。

6. 文化传承

高校作为文化的传承和创新之地，学生管理规章制度也承载着文化传承的重任。这些规章制度往往蕴含着学校的办学理念和历史文化，通过一代又一代学生的遵守和传承，使这些文化基因得以延续和发扬。

7. 适应能力培养

现代社会变化迅速，要求学生具备较强的适应能力。学生管理规章制度在一定程度上有助于培养学生的适应能力，如要求学生遵守规定、适应环境等。

8. 提高国际声誉和影响力

随着高等教育的国际化趋势日益明显，学生管理规章制度的国际化也变得越来越重要。一套与国际接轨的学生管理规章制度不仅能够吸引更多的国际学生来华留学，也能够提升我国高等教育的国际声誉和影响力。

二、高校学生管理规章制度的历史与发展

高校学生管理规章制度的发展历程可以追溯到古代高等教育机构的萌芽时期，经过中世纪大学的兴起、近代高等教育的变革，一直到现代高等教育体系的形成，这些规章制度也不断演变和完善。下面从不同的历史阶段和分类角度来探讨高校学生管理规章制度的发展过程。

（一）中世纪大学与学生自治的萌芽

在中世纪时期，当时的大学并非如今这样由固定的设施、建筑和全职教师组成，而是更多地由学生组织构成，这些组织为学生提供了学习、生活和社交的空间。在这种背景下，学生管理规章制度处于初级阶段，主要围绕着学生的自我管理和学术规范展开。

在中世纪大学中，学生享有较大的自治权。学生不仅参与学校的管理和决

策，还在学术事务上拥有相当的自主权。学生行会组织不仅负责管理学生的日常事务，如住宿、膳食和纪律等，还在学术方面制定了相应的规章制度，如课程设置、考试和学位授予等。这些规章制度更多地体现了学生的自主性和学术自由，为当时的学术研究和知识传播创造了一个相对自由的环境。这种学生自治的萌芽状态反映了中世纪大学独特的学术氛围和管理模式。在当时的社会背景下，学术自由和自我管理被认为是培养学生独立思考和批判性思维的重要途径。这种自治权不仅增强了学生在大学中的地位和影响力，也促进了学术的繁荣和创新。

然而，随着时代的不断发展，学生管理规章制度也逐渐从初级阶段的自治萌芽向更加成熟和完善的方向发展。中世纪大学中学生自治的萌芽对于后世学生管理规章制度的发展具有深远的影响，其奠定了学生参与学校管理和学术事务的基础，并为后来的学生管理规章制度提供了重要的历史借鉴。

（二）近代高等教育与学生管理规章制度的形成

近代高等教育的发展使学生群体的特征发生显著变化，使管理的复杂性增加。随着工业化和城市化的快速推进，学生来源更加多样化，学生规模急剧增加，这导致了学生管理面临诸多新的挑战。在这一时期，高校学生管理规章制度逐渐形成并不断完善，以适应这些新的变化和挑战。

在近代高等教育中，学生管理规章制度涵盖了更多内容。除了传统的纪律和品行管理外，规章制度还扩展到了学籍管理、学术规范等方面。学籍管理制度确保了学生入学、转学、休学、退学等流程的规范化，为学校的正常运行提供了保障。学术规范制度的建立则强调了学术诚信和学术道德的重要性，维护了学术研究的真实性。这一时期的学生管理规章制度还逐渐走向制度化和规范化。学校制定了更为详细和具体的规章制度，明确了各项管理流程和标准，使得学生管理更加有章可循、有据可查。这一阶段学校还设立了专门的管理机构和人员，负责规章制度的执行和监督，确保了管理的有效性和公正性。

近代高等教育中的学生管理规章制度还体现了对学生个体差异和学生全面发展的关注。学校开始重视学生的心理健康、职业规划和多元发展等方面，制定了相应的规章制度来促进学生的全面成长。这些规章制度的形成不仅提高了

学生管理的效率和效果，也为学生提供了更加优质和个性化的教育服务。

（三）现代高等教育与学生管理规章制度的综合化

在现代高等教育体系中，学生管理规章制度已经发展成为一个综合性的制度体系，涵盖了多个方面，旨在全面促进学生的成长和发展。这些规章制度的内容不仅更加科学和全面，还更加注重学生的个体差异和全面发展，体现了现代教育理念中的学生中心思想。

在现代高等教育中，学生管理规章制度在传统的学籍管理、学术规范等方面的基础上进一步扩展。奖惩制度的建立旨在激励学生积极学习、参与社会实践和志愿服务等活动，也对违反校规校纪的行为进行惩罚，以维护校园秩序和学术诚信。学生权益保护制度的完善则确保了学生在教育过程中的合法权益得到充分保障，包括受教育权、隐私权等。

心理健康教育在现代高等教育中越来越受到重视。学生管理规章制度中包含了心理健康教育的相关内容，通过提供心理咨询、心理辅导等服务，帮助学生解决心理问题，增强心理素质，提高心理健康水平。此外，规章制度还鼓励学生参与心理健康教育和宣传活动。

在多元文化方面，现代高等教育的学生管理规章制度也体现了对多元文化的尊重和包容。学校制定了多元文化教育和管理的相关规章制度，以促进不同文化背景的学生之间的相互理解和尊重。这些规章制度包括多元教学课程的设置、文化交流活动的组织、多元文化背景学生的特殊关照等，旨在创造一个多元文化共融的校园环境。

（四）当代教育理念与学生管理规章制度的创新

随着教育理念的发展和社会环境的变化，高校学生管理规章制度也面临着新的挑战和机遇。当代教育强调学生的主体性，这要求学生管理规章制度进行相应的创新和发展，以适应新的教育理念和学生的需求。

在过去，学生管理规章制度往往以管理者为中心，强调对学生的约束和控制，随着当代教育理念的转变，学生管理规章制度也逐渐从以管理者为中心转变为以学生为中心。这种转变体现在规章制度的制定和执行过程中，更加注重学生的参与和自主管理。学校鼓励学生参与规章制度的制订和修订，听取学生的意见和建议，确保规章制度能够真正反映学生的需求和利益。学校还通过设立学生会等机构，为学生参与学校管理提供更多的机会和平台。

在信息技术快速发展的背景下，学生管理规章制度也面临着新的挑战和机遇。网络技术的普及使得学生的学习、生活和社交方式发生了显著变化，也对高校学生管理提出了新的要求。学生管理规章制度需要适应网络环境下的学生管理问题，依据相应的规章制度来规范学生的行为。例如，学校可以制定网络使用规定，明确学生在使用网络时应遵守的道德规范和法律法规，以及违规行为的处理措施。学校还可以利用信息技术手段，建立学生信息管理系统、在线学习平台等，提高学生管理的效率和便捷性。

当代教育理念还强调学生的全面发展和个性化发展。学生管理规章制度也需要关注学生的个体差异和多元发展需求，制定相应的个性化管理措施。例如，学校可以建立学生个人成长档案，记录学生的学习成绩、社会实践、志愿服务等情况，为学生提供个性化的指导和帮助。学校还可以开设丰富多彩的课外活动和社团组织，满足学生的不同兴趣爱好和发展需求。

（五）国际化趋势下的学生管理规章制度

在国际化背景下，学生管理规章制度需要关注国际学生的特殊需求和文化差异。随着越来越多的国际学生来到中国留学，其文化背景、学习方式和生活习惯都与国内学生存在差异。学校需要制定相应的规章制度来保障国际学生的学习和生活权益。例如，学校可以设立国际学生服务中心，为国际学生提供专门的咨询和帮助服务；同时，学籍管理、学术规范等规章制度也需要考虑到国际学生的特殊情况，确保规章制度的公平性和适用性。

在吸收和借鉴国际先进的管理理念和经验方面，学生管理规章制度可以学习国际知名高校的管理模式和制度设计。例如，可以借鉴国外高校的学生自治制度、学术诚信制度、心理辅导制度等，结合本校的实际情况进行改进和完善。学校还可以积极参与国际学生管理组织的交流和合作，分享管理经验和最佳实践，共同推动学生管理规章制度的国际化发展。

在保持本土特色和文化传承方面，学生管理规章制度需要注重本土文化的

弘扬。在制订规章制度时，可以融入中国传统文化和教育理念中的优秀元素，如尊师重教、德才兼备等思想，培养学生的品德修养和文化素养。学校还可以通过开展丰富多彩的校园文化活动和社会实践活动等方式，让学生在参与中感受到中国文化的独特魅力和价值。

三、高校学生管理规章制度的体系与结构

高校学生管理规章制度是一个多层次、多维度的制度体系，旨在全面规范和管理学生的学习、生活和社交行为，促进学生的全面发展和成长。这一制度体系在纵向上包括校级、院级和班级等不同层次的规章制度，在横向上涉及学籍管理、奖惩制度、学术道德等多个领域和方面。

在纵向上，校级规章制度是整个学生管理规章制度的顶层设计和基础。这些规章制度通常由学校的管理层制定和发布，适用于全校范围内的所有学生。校级规章制度主要规定了学生的基本权利和义务、学校的组织结构和职责、学生管理的基本原则和制度等。院级规章制度则是在校级规章制度的基础上，结合各学院的专业特点和实际情况制定的，更加具体和详细。班级规章制度则是由班主任或辅导员与学生共同协商制定的，更加贴近学生的实际需求和日常行为规范。

在横向上，学生管理规章制度涉及多个领域和方面。学籍管理规章制度是学生管理规章制度的重要组成部分，主要涉及学生的入学、注册、休学、退学等学籍变动的管理和规定。奖惩制度则是对学生在学习、品德、社会实践等方面的表现进行评价和奖惩的依据和标准。学术道德规章制度则是规范学生学术行为的重要制度，强调学术诚信、学术规范和学术道德的重要性。

高校学生管理规章制度的结构还具有动态性和开放性的特点。随着教育理念和社会环境的变化，以及学生群体特点的变化，高校会不断调整和更新学生管理规章制度的内容和形式，以适应新的需求和挑战。学生管理规章制度也需要与其他相关制度和政策相协调，如教育相关的法律法规、学校内部管理制度等，形成一个有机整体，共同保障学生的权益和学校的正常运行。

第二节 高校学生管理规章制度的制订

在当今高等教育的环境中，合理且完善的高校学生管理规章制度不仅是学校秩序的保障，更是培养学生成为有社会责任感、有道德品质、有学术精神的人才的重要手段。制订这些规章制度并非一项简单的任务，而是需要遵循一定的依据和原则，采用科学的程序和方法，并时刻注意可能遇到的问题。才能确保规章制度既符合国家的法律法规，又能满足高校的实际管理需求，更能促进学生的全面发展。

一、制订高校学生管理规章制度的依据和原则

制订高校学生管理规章制度是一项严肃而细致的工作，需要依据国家的法律法规和高等教育目标，结合学校实际情况和学生特点进行。只有遵循公平公正的原则严格执行并及时更新完善，才能确保规章制度的有效实施和学生的健康成长。

（一）法律依据

高校学生管理规章制度必须严格遵守国家的宪法、法律、法规以及教育部门的政策文件。这意味着高校在制订规章制度时，必须以国家的法律体系为基础，确保其内容符合国家法律法规的要求，为高校学生管理提供有力的法律保障。

依法制定是规章制度合法有效的基础，任何与法律法规相违背的条款都是无效的。高校在制定规章制度时，必须对相关法律法规进行深入研究和理解。如果规章制度中存在与法律法规相违背的条款，这些条款将被视为无效，无法产生约束力。

高校在制订规章制度时，还需参考《教育法》《高等教育法》等相关法

律，确保规章制度与教育目标相一致。《教育法》和《高等教育法》是国家对教育领域的基本法律，对高校的教育目标、教育原则、教育管理等方面进行了明确规定。高校在制订规章制度时，应当参考这些法律的规定，确保规章制度与国家的教育目标相一致。

（二）教育目标

高等教育的教育目标是培养有理想、有道德、有文化、有纪律的社会人才。规章制度应紧密围绕这一目标，促进学生的全面发展。规章制度不仅是管理学生的手段，更是教育学生的途径，应体现教育的引导性和人文关怀。通过这样的教育目标和规章制度，高等教育能够更好地为国家建设培养出优秀的人才。

高等教育应该注重培养学生的思想道德素质，使其具备正确的价值观和道德观念。高等教育还应该注重培养学生的文化素养，使其具备广博的知识储备和扎实的学术基础，使其能够在专业领域中发挥重要作用。高等教育还应该注重培养学生的纪律意识，使其具备自我约束的能力，能够遵守规章制度，做到言行一致。

规章制度不仅是管理学生的手段，更是教育学生的途径，应体现教育的引导性和人文关怀。规章制度应该起到引导学生的作用，帮助其树立正确的人生观和价值观，培养其社会责任感和公民意识。规章制度应该注重培养学生的自主学习能力和自我管理能力，使其能够主动参与学习和发展，不断提高自己的能力和素质。规章制度还应该体现人文关怀，关注学生的个性发展和心理健康，为其提供必要的帮助和支持。

（三）学校实际

每所高校都有其独特的办学历史、文化传统和特点，在制订规章制度时应充分考虑这些实际情况。在制订规章制度时，需要深入了解学校的发展历程、办学理念等情况。只有充分了解学校的实际情况，才能确保规章制度符合学校特点。

制订过程中应进行深入的调研，了解学生的真实需求和学校的实际情况，确保规章制度具有针对性和实效性。在制订规章制度之前，需要进行广泛的调研工作，包括与学生、教师、管理人员等各方面进行沟通和交流，了解其对规章制度制订的建议。还需要对学校的实际情况进行全面的分析和评估，包括学生的情况、学校的资源状况、管理机制等。通过深入的调研，可以确保规章制度具有针对性和实效性，能够真正解决学校和学生面临的问题。

规章制度也应具有灵活性，以适应学校发展变化和学生群体特点的变化。随着学校的不断发展和学生群体特点的变化，规章制度也需要不断进行调整和完善。在制订规章制度时，应考虑到灵活性，留有一定的调整空间。可以通过定期的评估和反馈机制，及时了解规章制度的实施效果和存在的问题，并根据需要进行相应的修订。只有保持规章制度的灵活性，才能更好地适应学校的发展变化和学生群体特点的变化，提高规章制度的实施效果。

（四）公平公正公开

公平公正公开是学校规章制度的重要原则，公平、公正、公开的制度可以确保每位学生在教育过程中享有平等的权利和义务。对于违规行为的处理应该严格按照制度规定进行，避免主观性和随意性，维护制度的权威性。只有坚持公平公正的原则，才能够营造一个公平、和谐的教育环境。

规章制度的制定和执行必须坚持公平、公正、公开的原则，确保每一位学生在制度面前享有平等的权利和义务。这意味着制度的制订过程应该广泛征求学生和教职员工的意见和建议，确保各方利益得到充分考虑。制度的执行过程中应该遵循公正的标准，不偏袒任何一方，确保每位学生都能够在公平的环境中接受教育。

制度内容应明确、具体，避免歧义和模糊性，确保执行过程中的公正性。制度的规定应该清晰明了，不给学生和教职员工留下任何产生歧义的条款。这样可以避免因为不同理解而导致的不公平现象的发生。制度的内容应该具体明确，明确规定违规行为的定义和相应的处罚措施，并确保执行过程中的公正性。

对于违规行为的处理，应严格按照规章制度进行，避免主观性和随意性，维护制度的权威性。当学生或教职员工违反规章制度时，应该按照制度规定的

程序进行处理，不得主观、随意地处理。这样可以确保处理结果的公正性和一致性，维护制度的权威性。对于违规行为的处理应该及时、公正地进行，确保制度的执行效果和威慑力。

（五）及时更新

高校学生管理规章制度的及时更新是确保其科学性和实用性的重要保障。学校应该密切关注社会发展的变化，定期评估现有规章制度的适应性和有效性，并广泛征求各方意见，以确保规章制度的科学性和民主性。只有这样，才能更好地满足学生的需求，提高管理的效果和质量。

社会在不断进步，教育理念和管理模式也在不断发展变化，高校学生管理规章制度应保持与时俱进的态势。随着社会的不断发展，教育领域面临着新的挑战和需求，因此高校学生管理规章制度需要及时进行更新和调整。只有紧跟时代的步伐，才能更好地适应社会发展的需求，为学生提供更加全面、科学、有效的管理服务。

学校应定期评估现有规章制度的适应性和有效性，及时发现和解决问题，对过时的条款进行修订和完善。为了确保学生管理规章制度的科学性和实用性，学校应该定期进行全面的评估工作。通过对现有规章制度的审查和分析，可以发现其中存在的问题和不足之处，并及时采取措施进行修订和完善。这样可以确保规章制度与时代及学校实际情况相符合，提高管理的有效性。

规章制度的更新应充分征求学生、教师和相关部门的意见，确保其科学性和民主性。在制订和修订学生管理规章制度的过程中，学校应该广泛征求学生、教师和相关部门的意见和建议。通过听取各方的声音，可以更好地了解不同群体的需求和关切，从而制定出更加科学合理、民主公正的规章制度。这样可以增强学生对规章制度的认同感和遵守度。

二、制订高校学生管理规章制度的程序和方法

高校学生管理规章制度的制订，不仅是一个单纯的文本起草过程，更是一个涉及多方面、多层次、多环节的综合性工作。为确保所制定的规章制度既具

有科学性、合理性，又能得到广大师生的认同和遵守，必须遵循一定的程序，采用科学的方法。以下是详细的制订程序和方法。

（一）调研分析

调研分析是整个制订工作的基础。为了确保规章制度能够真正符合学校的实际情况和需求，需要对各个方面进行深入的调研。调研的对象应包括在校学生、教职工、校友以及相关的教育部门和社会机构。通过与不同群体的交流和了解，可以获取到更全面、客观的信息，为后续的工作提供支持。

调研的内容应涵盖学生的学习、生活、社交等各个方面，以及学校现有的管理状况、存在的问题和面临的挑战。对学校现有的管理状况进行调研，可以发现存在的问题和不足之处，为制订改进措施提供依据。为了收集数据和信息，可以采用多种方式进行调研。问卷调查是一种常用的方法，可以通过设计合理的问卷，向学生、教职工和校友等群体收集意见和建议。座谈会和个别访谈也是有效的调研手段，可以与相关人员进行面对面的交流，深入了解其观点和需求。还可以通过查阅相关文献、统计数据等方式，获取学校和教育部门的相关数据和信息。

在收集到数据和信息后，需要进行深入的分析和研究。通过对数据整理，可以得出一些初步的结论和发现。可以对这些数据进行进一步的分析，找出问题的根源和解决方案。还可以借鉴其他学校和教育机构的经验，进行比较和借鉴，以提高制订工作的科学性和可行性。

根据调研分析的结果，为制订规章制度提供全面、准确的第一手资料。这些资料将成为制订规章制度的依据和参考，确保规章制度能够真正解决学校存在的问题和面临的挑战，提高学校的管理水平和教育质量。还需要将调研结果进行总结和归纳，形成一份详细的调研报告，以供相关部门和人员参考和借鉴。

（二）起草初稿

起草初稿是一个复杂而重要的过程，需要团队或专家具备专业知识和经验。通过充分考虑各种因素，并进行内部审议和修改，确保初稿的科学性和可行性。

在充分调研的基础上，由具有专业知识和经验的团队或专家进行初稿的起草。这个团队可以是学校的管理部门，也可以是专门的咨询机构或专家小组。其会对相关领域的最新研究和实践进行深入了解，以确保初稿的科学性和可行性。

起草过程中应充分考虑法律法规、教育目标、学校实际和学生特点等多方面因素，确保初稿的科学性和可行性。团队或专家会仔细研究相关法律法规，以确保初稿符合教育政策和法规的要求。初稿要结合学校的教育目标和实际情况，制订出符合学校发展需求的具体措施和方案。还会考虑到学生的特点和需求，确保其能够真正满足学生的学习和发展需要。

初稿完成后，应进行内部审议和修改，确保内容的完整性和逻辑的严密性。团队或专家会对初稿进行全面的审查，检查内容是否完整、准确，并确保逻辑的严密性和连贯性。在审议过程中，其可能会邀请其他相关部门或专家参与讨论，以获取更多的意见和建议。根据审议结果，团队或专家会对初稿进行必要的修改和完善，以确保最终的方案能够达到预期的管理效果。

在起草初稿的过程中，团队或专家还可以借鉴其他学校或行业的成功经验和最佳实践。例如，与其他学校或咨询机构进行交流和合作，分享彼此的经验和教训。通过借鉴他人的成功经验，团队或专家可以更好地提升初稿的质量和可行性。

团队或专家在起草初稿后，可以进行试点实施或小规模试验，以验证初稿的有效性和可行性。根据试验结果，其可以对初稿进行调整和改进，以提高其科学性和实用性。

（三）征求意见

初稿完成后，应通过适当的方式广泛征求相关部门、教师和学生代表的意见。不仅可以增强学校的民主性，还可以提高规章制度的针对性和实效性。在征求意见的过程中，可以以座谈会、研讨会等形式，邀请相关部门、教师和学生代表参与讨论，听取其意见和建议。还可以通过问卷调查的方式，向广大师生发放问卷，收集其对规章制度的看法和建议。

征求意见的方式可以是座谈会、研讨会、问卷调查等，确保各方面的声音都能被充分听取和考虑。座谈会是一种面对面的交流方式，可以邀请相关部门、教师和学生代表参加，就规章制度的内容进行深入讨论。研讨会则可以通过专题报告、小组讨论等形式，促进各方之间的交流和互动。问卷调查是一种便捷的收集意见的方式，可以通过在线平台或纸质形式发放问卷，让师生自由表达对规章制度的看法和建议。

对于收集到的意见和建议，应进行归类和认真的分析，为下一步规章制度的修改完善提供依据。在分析意见和建议时，可以根据其内容和来源分类，将相似或相关的意见和建议归为一类。还应对意见和建议进行综合评估，权衡其合理性和可行性，确定是否需要进行相应的修改和完善。在分析过程中，可以邀请相关部门、教师和学生代表参与讨论，共同商讨如何更好地改进规章制度。

在征求意见的过程中，应注重保护师生的隐私和个人权益。对于收集到的意见和建议，应严格保密，确保不泄露个人身份和信息。还应尊重师生的意见，不论其是否与现有规章制度一致，都应给予充分的重视和考虑。通过广泛地征求师生意见，可以增加规章制度的民主性和透明度，提高其实施的效果和可持续性。

征求意见的过程应形成书面记录，包括座谈会、研讨会的会议纪要和问卷调查的统计结果。可以作为后续修改完善的参考依据，也可以用于向相关部门、教师和学生代表汇报征求意见的结果和改进措施。通过征求意见，可以增强规章制度的可信度和可接受性，提高其在实施过程中的有效性和可行性。

（四）修改完善

修改完善规章制度是一个复杂而重要的过程，需要充分尊重各方的意见和建议，并进行深入的研究和讨论。通过多次反复的修改和完善，可以确保规章制度的科学性和合理性，为相关工作提供准确、可靠的指导。

根据征求意见阶段收集到的意见和建议，对初稿进行逐条逐项地修改和完善。这个过程可能需要多次反复，以确保规章制度的科学性和合理性。在修改过程中，需要仔细研究每一条意见和建议，并根据实际情况进行适当的调整和

改进。同时，还需要与相关部门和人员进行充分的沟通和协商，以确保修改后的规章制度能够更好地适应实际工作需求。

对于存在争议或分歧的条款，应进行深入的研究和讨论，最终使各方达成共识和一致的理解。在处理争议或分歧时，可以组织专门的研讨会或座谈会，邀请相关专家和利益相关方参与讨论。通过充分的交流和辩论，可以更好地理解各方的观点和关切，并寻求一致认可的解决方案。还可以借鉴其他类似规章制度的经验，以提供更全面和合理的解决方案。

修改完善后的规章制度应再次进行内部审议，确保其内容的准确性和逻辑的严密性。在内部审议过程中，可以邀请相关部门和人员对修改后的规章制度进行全面的审查和评估。其可以提出进一步的修改建议，并对规章制度的逻辑结构和表述方式进行细致的检查。通过内部审议，可以进一步提高规章制度的质量和可行性，确保其能够有效地指导并规范相关工作。

（五）审核批准

修改完善后的规章制度应提交给学校的决策层进行审核批准。这个过程是确保规章制度合法性和权威性的关键环节。在提交之前，需要对规章制度进行全面的修订和完善，确保其内容准确、清晰，并且符合学校的实际情况和发展需要。

学校的决策层应对规章制度进行全面的审查和评估，确保其符合国家法律法规和教育目标。在审查过程中，决策层需要仔细研究规章制度的各项条款，确保其符合相关法律法规规定，并且能够有效地促进学校的教育教学工作。

审核批准后，规章制度即获得正式的法律效力，成为学校管理学生的重要依据。这意味着学校可以依据规章制度对学生进行管理和教育，确保学校的教育教学秩序和学生的学习权益得到有效保障。

为了确保规章制度的有效实施，学校还应建立健全相应的制度执行机制。这包括明确责任部门和责任人，制订具体的操作流程和监督措施，以及建立相应的奖惩机制，激励和约束相关人员按照规章制度的要求履行职责。

学校还应加强对规章制度内容的宣传和培训工作，确保全体教职员工和学生充分了解和理解规章制度的内容和要求。通过定期组织培训和宣传活动，提高教职员工和学生对规章制度的认识，促进其遵守规章制度。

学校还应建立健全规章制度的修订和更新机制，及时调整和完善规章制度的内容，以适应学校发展和社会变化的需要。通过定期的评估和反馈机制，及时发现和解决规章制度存在的问题和不足。

（六）公布实施

公布实施是规章制度的重要环节，通过多种渠道进行公布、组织宣传和培训活动以及建立有效的监督和反馈机制，可以确保规章制度的顺利实施和有效执行。这将有助于提高师生对规章制度的认识和理解，促进学校的规范化管理和良好秩序的形成。

获得批准后的规章制度应通过学校的官方网站、公告栏等渠道进行公布，确保全校师生都能及时了解和掌握。为了确保信息的广泛传播，学校可以采取多种方式进行公布，如在学校的官方网站上发布公告、在校内电子屏幕上播放相关通知、在学校的官方微信公众号上推送规章制度的内容等。学校还可以将规章制度的摘要制作成宣传海报，张贴在学校的各个重要场所，以便师生们能够随时查阅。

学校还应组织相关的宣传和培训活动，帮助师生深入理解和遵守规章制度。为了提高师生对规章制度的认识和理解，学校可以组织专门的宣传活动，如举办规章制度知识竞赛、开展规章制度主题讲座等。这些活动可以增加师生对规章制度的兴趣，激发其主动学习和遵守规章制度的积极性。学校还可以邀请相关部门或专家为师生进行培训，向师生们详细介绍规章制度的内容和要求，解答其疑问，帮助其更好地理解和遵守规章制度。

在实施过程中，学校应建立有效的监督和反馈机制，及时发现和解决问题，确保规章制度的顺利实施和有效执行。为了确保规章制度的有效执行，学校可以设立专门的监督机构或委员会，负责监督规章制度的实施情况，并及时收集师生们的意见和建议。学校还可以建立投诉举报渠道，鼓励师生们积极反映问题，以便及时解决和改进。学校还可以定期组织评估和检查活动，对规章制度的实施效果进行评估，发现问题并及时采取措施加以解决。

三、制订高校学生管理规章制度应注意的问题

制订高校学生管理规章制度是一项复杂而细致的工作，需要多方面的考虑和努力。只有在遵循一定的程序和方法的基础上，充分注意并处理好相关问题，才能制定出既合法又合理、既严谨又实用、既具有时代性又具有前瞻性的高校学生管理规章制度。

（一）符合法律法规规定

制订规章制度时需要充分了解并遵守国家法律法规的要求，对每一条款进行仔细审查，及时进行修改或删除与法律法规相悖的内容。还应当与相关部门进行咨询和报备，注重与法律法规的衔接和协调，以提高规章制度的合法性、有效性和可操作性。

1. 任何规章制度的制订都不能违反国家的法律法规

在起草和修订过程中，必须时刻对照国家的法律条文，确保每一条款都与之相符。这意味着在制订规章制度时，需要充分了解并遵守国家法律法规的要求，确保其内容不与法律相悖。还需要对相关法律法规进行深入研究，以便在制订规章制度时能够充分考虑到法律的规定和要求。若出现与法律法规相悖的内容，不仅会导致该条款无效，还会使整个规章制度失去法律效力，给学校管理带来不必要的风险和麻烦。在制订规章制度时，需要对每一条款进行仔细审查，确保其内容与法律法规相符。如果发现有与法律法规相悖的内容，应及时进行修改或删除，以避免可能的法律风险。

2. 注重与法律法规的衔接和协调

在制订规章制度时，应当充分考虑到法律法规的规定和要求，确保其内容与法律法规相一致。还应当注意与其他相关规章制度的衔接，避免出现重复、矛盾或冲突的情况。

3．及时向相关部门进行咨询和报备

在制订规章制度的过程中，可以与法律专家、教育部门等进行沟通和交流，以获取专业的意见和建议。在确定规章制度后，还应当将规章制度报送给相关部门进行审核和备案，以确保其符合法律法规的要求。

（二）尊重学生的权益

学生作为学校的主体，其合法权益应得到充分的尊重和保护。规章制度的内容不能侵犯学生的基本权利，如受教育权、言论自由、隐私权等。学校应该建立健全的制度，确保学生在校园内能够享受到平等、公正的待遇。

在规范学生行为的同时，也要注重引导学生自我管理和自我教育，培养其自主意识和责任感。学校可以通过开展各种形式的活动，如学生会、社团组织等，为学生提供展示自己才能和发挥个人特长的平台。学校还可以通过开设一些课程，如心理健康教育、道德与法治教育等，帮助学生树立正确的价值观和人生观，培养其自我管理能力和责任感。

（三）考虑文化差异

学校管理应更好地考虑和尊重学生的文化差异，为其提供一个包容和谐的学习环境。这不仅有助于促进学生的个人成长和发展，也有助于培养具有跨文化交流能力和全球视野的人才。

随着高等教育国际化程度的提高，学校中来自不同国家和文化背景的学生越来越多。规章制度应充分考虑这些学生的特殊性，避免因文化差异导致的误解和冲突。

对于某些特定的文化习俗和宗教信仰，学校应给予必要的尊重和理解，并在规章制度中作出相应的安排和调整。

（四）明确奖惩措施

明确奖惩措施是学校管理的重要环节，其可以维护学校的秩序和纪律，还可以促进学生的全面发展。学校应该建立公正、公平、公开的奖惩制度，注重

教育性和引导性，加强监督和管理，以确保奖惩措施的有效实施。学校才能为学生提供一个良好的学习和成长环境。

1．规章制度中应明确规定学生违规行为的奖惩措施，以便在执行时有明确的依据

为了确保奖惩措施的公正性和公平性，学校应该建立一套完善的评估机制，由专门的机构或委员会负责制定和执行奖惩政策。这些机构应该由学校的教职员工、家长代表以及学生代表组成，以确保各方的利益得到充分考虑。

2．奖惩措施应公正、公平、公开，避免主观性和随意性

为了确保奖惩措施的公正性，规章制度中应涉及明确的评估标准和程序，对学生的违规行为进行客观、全面的评估。评估过程应该透明，学生和家长应该能够了解评估的标准和程序，并有机会提出异议和申诉。学校还应该定期对评估结果进行审查和监督，确保评估的公正性和准确性。

3．奖惩措施应考虑教育性和引导性，以促进学生的自我反思和成长

学校应该将奖惩措施作为教育工具，通过奖励和惩罚来引导学生树立正确的价值观和行为准则。奖励可以包括表扬、荣誉称号、奖学金等，以激励学生积极向上；惩罚可以包括口头警告、书面批评、限制活动等，以警示学生错误行为的后果。学校还应该加强对学生的教育和引导，帮助其认识到违规行为对自己和他人的影响。

4．为了确保奖惩措施的有效实施，学校应建立健全监督机制

学校可以设立专门的监督部门或委员会，负责监督奖惩措施的执行情况，并及时处理学生和家长的投诉和举报。监督部门应该与教职员工、家长和学生保持密切联系，了解其意见和反馈，及时调整和完善奖惩措施。学校还应该加强对教职员工的培训和指导，提高其对奖惩措施的理解和执行能力。

（五）注重可执行性

注重可执行性是制订规章制度的重要原则之一。通过具体、明确的条款、考虑实际情况和执行能力、关注学生和教职员工的需求以及建立健全的培训和考核机制，可以确保所制定的规章制度能够在实践中得到有效执行，为学校的管理和教育教学工作提供有力的支持。

1. 规章制度的条款应具有具体、明确，避免过于抽象或模糊导致执行困难

每一条款都应具体、明确，便于理解和执行。为了确保规章制度的可执行性，制订时应该充分考虑实际操作中可能遇到的各种情况，并确定相应的具体措施和指导方针。例如，对于学生违纪行为的处理，可以明确规定具体的违纪行为和相应的处罚措施，以便教师和学生都能够清楚地知道应该如何行动。

2. 考虑学校的实际情况和执行能力，确保所制定的规章制度能够在实践中得到有效执行

学校在制订规章制度时，应该充分了解自身的资源和能力，并根据实际情况进行合理的规划和安排。例如，如果学校面临人员不足的问题，可以考虑引入志愿者或外部机构的支持，以提高规章制度的执行效率。学校还应该建立健全的监督机制，确保规章制度的执行情况得到及时的反馈和调整。

3. 考虑学生和教职员工的实际情况和需求

规章制度应该符合学生和教职员工的权益和利益，同时也要兼顾学校的管理需要。例如，对于学生的考试作弊行为，可以明确规定相应的处罚措施，并加强对考试过程的监督和管理，以确保公平公正的考试环境。学校还可以通过开展相关的教育宣传活动，提高学生和教职员工对规章制度的认识和遵守意识。

4. 学校应建立健全的培训和考核机制

学校可以组织相关人员参加培训课程，提高其对规章制度的理解和执行能力。学校还可以定期对规章制度的执行情况进行考核和评估，及时发现问题并进行改进。通过培训和考核，可以提高学校整体的执行力和管理水平，进一步确保规章制度的有效实施。

（六）加强宣传教育

加强规章制度的宣传教育是确保学校秩序良好、教育教学工作顺利进行的重要保障。学校应充分利用各种渠道和方式，通过课堂教育、专题讲座、校园文化活动等多种途径，向学生和教师宣传规章制度的内容和要求。学校还应积极借助现代科技手段，利用互联网和社交媒体等平台，扩大宣传教育的覆盖面和影响力。

1. 通过课堂教育、专题讲座、校园文化活动等方式进行规章制度的宣传教育

在课堂教育中，教师可以将规章制度的内容融入各个学科的教学中，通过案例分析、讨论和互动等方式，引导学生思考和理解规章制度的意义和作用。学校还可以组织专题讲座，邀请相关领域的专家或学者进行讲解，让学生从不同的角度了解规章制度的背景和目的。学校还可以举办各种校园文化活动，如主题演讲比赛、知识竞赛、征文比赛等，通过参与活动的方式，激发学生对规章制度的兴趣和热情。

2. 利用现代科技手段进行规章制度的宣传教育

开发学校的官方网站或移动应用程序，提供规章制度的在线阅读和下载功能，方便学生和教师随时查阅。学校还可以利用社交媒体平台，如微信公众号、微博等，发布规章制度的相关信息和解读，与学生和教师进行互动交流。通过这些现代化的宣传手段，可以更好地传达规章制度的内容和要求。

（七）定期评估修订

随着社会和教育环境的变化以及学生特点的变化，规章制度也需要不断进行评估和修订。学校应建立定期评估机制，对规章制度的执行情况进行监督和反馈。通过对规章制度的执行情况进行评估，学校可以了解到规章制度是否得到了有效的执行，是否达到了预期的效果。如果发现规章制度的实施效果不理想，学校可以进一步分析原因，并采取相应的改进措施。通过评估了解规章制度的实施效果，学校可以为未来的修订工作提供经验和借鉴，进一步提高规章

制度的科学性和实用性。

对于发现的问题和不足，学校应及时进行规章制度的修订和完善，确保其始终与学校的实际情况和学生的需求相适应。例如，发现某个规章制度在实施过程中存在漏洞或不合理之处，学校可以收集相关数据和意见反馈，进行深入分析和研究，然后确定相应的修订方案。修订后的规章制度应该更加符合实际情况，能够更好地指导学校的管理和教育教学工作。

定期评估修订有助于提高学校的管理水平和教育教学质量。通过评估修订，学校可以及时发现和解决管理中存在的问题，优化管理流程和制度，提高管理效率和质量。通过修订规章制度，学校可以更好地规范教育教学行为，提高教师的教学水平和学生的学习效果。

第三节 高校学生管理规章制度的执行与监督

高校学生管理规章制度不仅是规范学生行为、维护校园秩序的重要依据，更是促进学生全面发展、实现教育目标的重要保障。然而，规章制度的确定只是第一步，其真正的价值和意义在于有效的执行和监督。只有通过严格的执行和监督，才能确保规章制度落到实处，发挥应有的作用。

一、高校学生管理规章制度的执行机构与职责

高校学生管理规章制度的执行机构是确保学校规定得以贯彻落实的关键部门。为了确保这些规章制度得以有效执行，高校通常会设立多个专门机构，不同的专门机构各自承担着明确的职责，并相互协作，共同维护学校的秩序和稳定。

（一）执行机构

学生事务处、纪律委员会和宿舍管理部门在学校中扮演着重要的角色，通

过各自的职责和工作，共同维护学校的秩序和纪律，为学生提供一个良好的学习和生活环境。这些机构的协同合作和有效运作，对于培养学生的自律意识和责任感，促进学校的和谐发展具有重要意义。

1．学生事务处

学生事务处是学校中与学生日常管理最为密切的部门之一。其职责不仅是处理学生的日常事务，如请假、奖惩、助学金等，更重要的是监督学生的日常行为，确保其符合学校的规章制度。对于违规行为，学生事务处通常会首先介入处理，以维护学校的秩序和纪律。

2．纪律委员会

纪律委员会是一个专门负责处理学生纪律问题的机构。其工作重点是处理涉及学术不端、严重违纪等行为的事件。纪律委员会会对违规事件进行深入调查，收集相关证据，并根据调查结果给予相应的处理。纪律委员会的决定通常具有权威性，对学校内的所有学生都具有约束力，以确保学校的纪律和秩序得到有效维护。

3．宿舍管理部门

宿舍是学生在校期间的重要生活场所，宿舍管理部门承担着宿舍的日常管理和维护工作。除了负责宿舍的维修、清洁和安全等方面的工作外，宿舍管理部门还会对学生的宿舍生活进行监督，确保其行为不违反学校的住宿规定。其会定期检查宿舍卫生状况，组织宿舍文化建设活动，提供必要的生活指导和服务，以营造良好的宿舍环境。

（二）明确职责

明确的职责划分是保证工作效率和规章制度执行公正、公平的重要保障。通过明确的职责划分，各个机构能够专注于自己的工作领域，协同合作，形成有效的工作机制。

每个执行机构都有明确的职责范围和工作流程。例如，学生事务处可能负责监督学生的日常行为，处理一般性的违规事件；纪律委员会则负责调查和处理严重违纪行为；宿舍管理部门则专注于宿舍内的秩序和安全管理。这种明确的职责划分有助于提高工作效率，确保各个机构能够专注于自己的工作领域，避免职责重叠或责任模糊的情况发生。

职责划分不仅有助于提高工作效率，还能确保规章制度得到公正、公平的执行。每个机构都在其职权范围内开展工作，避免了越权或推诿现象的发生。

（三）协同合作

协同合作是确保规章制度全面、有效执行的重要手段。通过建立紧密的协同合作机制，不同执行机构之间可以相互配合、共同解决问题。通过定期召开联席会议、建立信息共享平台等方式，各执行机构可以及时了解彼此的工作动态和需求，更好地协同工作，共同维护学校的和谐稳定。这样的协同合作机制将为学校的发展和管理提供有力支持，并促进学校的全面发展和进步。

为了确保规章制度的全面、有效执行，不同执行机构之间需要建立紧密的协同合作机制。例如，学生事务处和纪律委员会在处理学生违规事件时可能需要相互配合，共同进行调查和处理。这意味着学生事务处可以提供学生的基本信息和相关记录，而纪律委员会则负责制定相应的处罚措施和纪律教育方案。通过双方的合作，可以更加公正、有效地处理学生违规事件，维护学校的纪律秩序。

这些机构还需要与其他相关部门，如教务处、心理咨询中心等保持密切沟通，以便在处理学生问题时能够得到全方位的支持和帮助。教务处可以提供学生的学业情况和课程安排等信息，为学生事务处和纪律委员会提供更全面的了解学生的背景和情况。心理咨询中心则可以为学生提供心理辅导和支持，帮助其解决心理问题，减少学生违规行为的发生。通过与这些相关部门的密切合作，可以更好地理解学生的需求和问题，提供更全面、个性化的帮助和支持。

通过定期召开联席会议、建立信息共享平台等方式，各执行机构可以及时了解彼此的工作动态和需求，从而更好地协同工作，共同维护学校的和谐稳定。联席会议可以提供一个交流和协商的平台，让各执行机构能够共同讨论和解决工作中的问题和挑战。信息共享平台则可以方便各执行机构之间的信息传递和共享，提高工作效率和协同能力。通过这些方式，各执行机构可以更好地协调工作，避免重复劳动和资源浪费，提高工作效率和质量。

二、高校学生管理规章制度的执行程序与措施

高校学生管理规章制度的执行程序与措施是确保学校规定得以有效贯彻的关键环节。为了确保规章制度得到公正、公平、有序的执行，高校通常会制定明确的执行程序，并采取相应的措施。

（一）程序规范

程序规范旨在确保对学生的违规行为进行公正、透明和有效的处理。执行程序具体如下。

1. 发现违规行为

学校通常通过多种途径来发现学生的违规行为，如教师、学生、管理人员的日常观察，监控录像，以及其他人的举报等。一旦发现有违规行为，相关人员会立即进行记录并上报。这些记录将作为后续处理的依据。

2. 记录与调查

对于发现的违规行为，学校会进行详细记录，并启动调查程序。调查可能包括收集证据、询问相关人员、查阅相关文件等步骤。调查的目的是了解违规行为的详细情况，为后续的处理提供依据。在调查过程中，学校会确保程序的公正性和透明度，以保障学生的合法权益。

3. 处理决定

根据调查结果，若存在违规行为学校会依据规章制度的条款对违规行为进行定性，并作出相应的处理决定。这个决定可能会包括警告、记过、开除等不同等级的处分。学校会根据违规行为的严重程度和学生的表现情况，综合考虑各种因素，做出公正合理的处理决定。

4. 通知与公告

处理决定作出后，学校会及时通知违规学生，并告知其处理结果、依据和申诉途径。学校会向学生解释处理决定的合理性和必要性，并提供相关的法律依据和规定。对于严重的违规行为，学校可能还会进行公告，以起到警示作用。公告的内容将明确违规行为的性质和处理结果，以起到对其他学生的警示和教育意义。

5. 申诉与复议

学校鼓励学生对处理决定提出申诉或复议。学生可以通过书面形式或口头形式向学校相关部门提出申诉或复议请求。学校会认真审查学生的申诉或复议请求，并根据相关规定进行重新评估和处理。学校会确保申诉或复议程序的公正性和透明度，以保障学生的合法权益。

6. 教育与辅导

除了对违规行为进行处理外，学校还会对违规学生进行教育和辅导。学校会与学生进行面对面的沟通，了解其违规行为的产生原因和动机，并帮助其认识到错误的后果和改正的必要性。

7. 预防与宣传

为了预防和减少学生的违规行为，学校会开展相关的宣传和教育活动。学校会组织讲座、培训、主题班会等形式的活动，向学生普及法律法规和校规校纪。学校还会加强对教师、学生和管理人员的培训，使其共同维护学校的秩序和安全。

（二）措施具体

针对不同性质的违规行为，学校应根据规章制度采取相应的措施进行处罚和警示。这些措施不仅是为了惩罚违规学生，更是为了维护学校的正常秩序和纪律，提醒其他学生遵守规章制度。学校还应采取预防性的措施来减少违规行为的发生，为学生提供一个良好的学习和成长环境。

不同的违规行为性质不同，因此执行措施也应有所区别。例如，对于轻微的违规行为，如迟到、旷课等，学校可能会采取口头警告或书面警告的措施。这些措施旨在提醒学生遵守规定，促使其认识到自己的错误并改正。通过口头或书面警告，学校可以与学生进行面对面的沟通，了解其原因并提供必要的指

导和帮助。

对于严重的违规行为，如作弊、打架等，学校可能会采取更严厉的处分措施，如记过、开除等。这些措施的目的是维护学校的正常秩序和纪律，确保学生有良好的学习、生活环境。记过是一种较为严厉的处分，不仅会对学生的学业产生一定的影响，还会对其未来的发展产生一定的限制。开除则是最严重的处分，意味着学生将被学校开除学籍，失去了继续在该校学习的机会。

除了惩罚违规学生外，这些措施还可起到警示作用，提醒其他学生遵守规章制度。当学生看到同学因为违规行为而受到处罚时，其会意识到违反规定的后果是严重的。这种警示作用有助于培养学生的自律意识和责任感，促使其自觉遵守学校的规章制度，共同维护良好的学习氛围和校园秩序。

学校还可以采取一些预防性的措施来减少违规行为的发生。例如，加强对学生的教育引导，提高其对规章制度的认识和理解；建立健全的监督机制，及时发现和处理违规行为；加强家校合作，与家长共同关注学生的行为表现和成长情况等。

（三）教育与惩戒结合

在执行规章制度的过程中，学校应始终坚持教育与惩戒相结合的原则。对于违规学生，除了给予相应的处分外，还会进行思想教育和心理辅导，帮助其认识到错误并改正行为。注重培养学生的自律意识和责任感，通过教育引导，让学生明白违规行为的严重性和后果，从而激发其自觉遵守规章制度的动力。学校还应通过举办讲座、开展主题活动等形式，加强对学生的纪律教育和法制教育。这种教育与惩戒相结合的方式不仅能够让违规学生深刻认识到自己的错误并改正行为，还能对其他学生起到预防作用，促进学校的和谐稳定。通过对违规学生的教育引导和心理辅导，可以帮助其认识到自己的错误，并引导其主动改正行为。通过对全体学生的纪律教育和法制教育，可以提高其自律意识和法律意识，使其能够自觉遵守规章制度，避免违规行为的发生。

三、高校学生管理规章制度的监督机制与评价指标

高校学生管理规章制度的监督机制与评价指标是确保规章制度得以有效执行并持续改进的重要环节。为了确保规章制度能够被公正、公平、透明地执行，高校通常会建立内外结合的监督机制，并制定相应的评价指标。

（一）内部监督

1. 设立监督机构

为了确保高校规章制度的有效执行，学校应设立专门的监督机构。这些机构包括学生事务监督委员会或纪律检查委员会等，由学校管理层、教师代表、学生代表等多方组成。监督机构的职责是对学校各项规章制度的执行情况进行全面监督，确保其符合法律法规和学校的要求。

2. 定期检查与评估

监督机构应定期对学校各执行部门的工作进行检查和评估。通过定期的检查，可以及时发现问题和不足之处，并提出改进意见。监督机构会督促相关部门进行整改，确保规章制度的执行得到有效落实。定期评估还可以为学校提供改进工作的方向和依据。

3. 内部审计

高校还会通过内部审计的方式对规章制度的执行情况进行审查。内部审计人员会对相关部门的工作记录、处理流程等进行详细核查，以确保规章制度的执行没有疏漏和违规现象。通过内部审计，可以发现并纠正工作中的问题，提高规章制度的执行效果和质量。

4. 建立举报机制

为了保障监督机构的有效性，高校还应建立健全举报机制。学生、教师和其他相关人员可以通过举报渠道向监督机构反映问题和提出建议。监督机构应及时处理举报事项，并对举报人进行保护，确保举报人的权益不受侵害。

5．信息公开

高校应将规章制度的执行情况及时向师生、员工和社会公开。通过公开信息，增加透明度，让师生员工了解规章制度的执行情况，同时也接受社会监督，促进高校的规范运作。

6．培训和教育

为了提高师生员工对规章制度的认识和遵守意识，高校应加强培训和教育工作。通过开展培训课程、组织讲座和座谈会等形式，向师生员工普及规章制度的内容和要求。

7．建立奖惩机制

高校还应建立奖惩机制，对规章制度的执行情况进行激励和约束。对于执行规章制度出色的部门和个人，可以给予表彰和奖励；对于违反规章制度的行为，要依法依规进行惩处。

（二）外部监督

1．学生与家长参与

为了确保规章制度的有效执行，学校鼓励学生和家长积极参与监督工作。其可以通过学生会、家长委员会等渠道，对学校的规章制度执行情况提出意见和建议。通过这种方式，学生和家长可以发挥自己的作用，为学校的规章制度提供宝贵的反馈和改进意见。

2．社会监督

高校作为社会组织的一部分，应接受社会的监督。对于社会上对学校规章制度执行情况的质疑和批评，高校应积极回应并改进。同时，高校也可以通过公开信息、发布年度报告等方式主动接受社会的监督和评价。通过与社会的互动，高校可以更好地了解社会的期望和需求，从而不断优化规章制度，提高教育质量。

3. 投诉渠道与处理

为了确保外部监督的有效性，高校应设立专门的投诉渠道，如投诉电话、邮箱等，方便学生、家长和社会人士对规章制度的执行情况进行投诉。这些投诉渠道应该具有便捷性，使学生、家长和社会人士能够及时反映问题。对于收到的投诉，高校应及时处理并给予回复。高校应建立健全的投诉处理机制，确保投诉得到妥善解决，并向投诉人提供满意的答复。

（三）评价指标

评价规章制度执行情况需要综合考虑处理速度、知晓率与满意度、违规率与重复违规率以及教育效果等指标。通过科学的评价体系，高校可以及时发现问题、改进制度，提高规章制度的执行效果和教育作用，为学校的管理和学生的健康成长提供有力支持。

1. 处理速度

评价规章制度执行情况的重要指标之一是处理违规行为的速度。高校应设定合理的处理时限，并确保在规定时间内完成对违规行为的调查和处理工作。这样可以保证规章制度的严肃性和公正性，同时也能够给予学生及时的教育和警示。

2. 知晓率与满意度

通过定期的调查问卷或访谈等方式了解学生对规章制度的知晓率和满意度。这些数据可以反映学生对学校管理的认可程度以及规章制度的普及情况。如果学生对规章制度的知晓率较低，可能说明宣传和教育工作需要加强；而如果学生对规章制度的满意度不高，可能需要对规章制度进行修订和完善。

3. 违规率与重复违规率

统计违规率和重复违规率可以反映规章制度的执行效果。如果违规率和重复违规率较高，可能说明规章制度的设计或执行存在问题或需要改进。高校可以通过分析违规行为的类型和原因，有针对性地制定相应的措施，提高规章制度的执行效果。

4．教育效果

通过对违规学生后续表现的跟踪评估，可以了解规章制度的教育效果。如果学生在受到处理后能够改正错误并表现良好，说明规章制度起到了良好的教育作用。高校可以通过建立完善的教育机制，帮助违规学生认识错误、反思问题，并通过教育引导其树立正确的价值观和行为准则。

四、提高高校学生管理规章制度执行效率的策略与建议

在高校学生管理中，规章制度的执行效率直接关系到学校的秩序和学生的成长。为了更高效地执行这些规章制度，本书提供了一系列策略和建议，如下所示。

（一）加强宣传教育

学校可以加强对学生的宣传教育工作，使其更加深入地了解学校的规章制度，并形成遵守规章制度的良好习惯。不仅有助于维护学校的秩序和正常教学秩序，还能够培养学生的自律意识和责任感，为其成长和发展提供良好的环境，具体如下。

1．新生入学教育

在新生入学时，学校应该组织专门的规章制度学习活动，以确保新生从入学之初就明确了解学校的各项规定。这可以通过举办规章制度宣讲会、分发规章制度手册等方式进行。学校还可以邀请校领导、老师、学长、学姐等担任讲师，向新生详细介绍学校的规章制度，并解答其疑问。

2．持续宣传

为了确保内容完整、准确地传达给每一位学生，学校应该通过校园广播、公告栏、官方社交媒体等多种渠道，定期宣传学校的规章制度。校园广播可以播放规章制度的相关内容，公告栏可以张贴规章制度的摘要和重要条款，官方社交媒体可以发布规章制度的解读和案例分析等内容。学校还可以利用学生会

等学生组织，组织学生代表进行规章制度的宣传和解读。

3. 案例分析

为了更好地让学生直观地了解违反规章制度的后果，学校可以结合具体案例，对学生进行教育。这可以通过组织案例分析讨论会、开展模拟演练等方式进行。学校可以邀请相关部门的老师或工作人员，分享真实的违规案例，并引导学生分析案例中的问题和教训。

（二）提升执行能力

通过定期培训、经验分享、专家指导和建立反馈机制，我们将不断提升执行机构的能力，确保其能够高效地履行职责，为组织的发展做出积极的贡献。

1. 定期培训

为了确保执行机构的工作人员能够熟悉并掌握最新的规章制度，将提供定期的培训机会。这些培训将涵盖各个方面的知识和技能，包括法律法规、政策解读、操作流程等。通过这些培训，工作人员将能够不断提升自己的专业素养和执行能力，更好地履行自己的职责。

2. 经验分享

鼓励执行机构的工作人员之间进行经验分享。在执行过程中，每个人都会遇到各种各样的问题和挑战，通过分享经验和教训，可以相互借鉴和学习，共同提高执行能力。这种经验分享可以通过内部会议、工作坊、案例分析等形式进行，以促进团队之间的合作和学习氛围。

3. 专家指导

为了提高执行机构的专业水平，将邀请相关领域的专家为执行机构提供指导和建议。这些专家可以是法律、政策、管理等领域的专业人士，其具有丰富的经验和专业知识，可以为执行机构提供宝贵的指导。通过与专家的交流和学习，执行机构将能够更好地理解和应用相关的规章制度，提高执行效率和质量。

4．建立反馈机制

为了不断改进执行能力，将建立一个有效的反馈机制。这个机制将允许执行机构的工作人员向上级领导提出问题、意见和建议。通过及时收集和分析这些反馈信息，可以及时发现问题并采取相应的措施进行改进。同时定期对执行机构的工作进行评估和考核，以确保其执行能力的持续提升。

（三）利用技术手段

1．建立信息化平台

通过学生管理系统等信息化手段，对违规行为快速处理。在现代教育中，建立信息化平台是提高学校管理效率和教学质量的重要手段之一。通过学生管理系统，学校可以了解学生的学习情况、行为表现以及出勤情况等，及时发现并处理学生的违规行为，维护学校的纪律和秩序。同时，学生管理系统还可以为教师提供学生档案、成绩记录等信息，方便教师进行个性化教学和管理。

2．数据分析与应用

利用大数据技术，对学生的行为进行分析，提前发现并预防潜在问题。随着信息技术的发展，大数据技术在教育领域的应用越来越广泛。通过对学生的行为数据进行分析，学校可以了解学生的学习习惯、兴趣爱好以及学习困难等情况，从而为学生提供个性化的教育资源和支持。通过对学生的行为数据进行分析，学校还可以提前发现学生的潜在问题，如学习压力过大、心理健康问题等，及时采取相应的措施进行干预和预防，保障学生的身心健康。

在建立信息化平台和利用大数据技术的过程中，学校需要充分考虑学生的隐私保护和信息安全问题，防止信息泄露或被滥用。学校还需要加强对教师和管理人员的培训，提高其对信息化平台和数据分析工具的使用能力，确保其能够正确、有效地运用这些技术手段来提升学校的管理水平和教学质量。

（四）注重反馈与修订

1. 设立反馈渠道

为了促进学生、教师和家长对规章制度的积极参与和建设性意见，高校应设立专门的反馈渠道。这些渠道可以包括邮件反馈、定期座谈会等形式，以确保每个人都有机会表达自己的看法和建议。

2. 定期评估与修订

认识到规章制度需要与时俱进，因此我们定期对规章制度进行评估和修订。这一过程是基于学生的反馈和实际情况进行的。收集学生的意见，了解其对现有规章制度的满意度以及存在的问题和改进的建议。也会密切关注学校的实际情况，如教学环境、学生需求等，以便及时调整和完善规章制度。

（五）建立奖惩机制

1. 表彰与奖励

为了激励个人和集体严格遵守规章制度，将建立一套公开的表彰和奖励机制。对于那些始终遵守规章制度的个人和集体，将给予其公开的表彰和奖励，以树立正面榜样。不仅能够激发其积极性和责任感，还能够向其他人员传递出遵守规章制度的重要性。

2. 惩处与教育

对于违反规章制度的行为，将采取相应的惩处措施，并结合教育手段，引导学生认识到错误并改正。将根据违规行为的严重程度，给予相应的处罚，以起到警示作用。也将组织相关的教育活动，通过讲解规章制度的重要性、后果以及正确的行为方式，引导学生深刻认识到自己的错误，并引导其主动改正错误。

（六）强化跨部门合作

1. 建立协作机制

为了促进各相关部门之间的紧密合作，建立一个协作机制。通过这个机制，各部门将能够更好地协调工作，确保规章制度在学校各个层面得到统一执行。明确各部门的职责和权限，并建立起有效的沟通渠道，以便及时交流信息、解决问题和协调行动。

2. 定期沟通会议

为了加强跨部门之间的沟通和协作，定期召开跨部门沟通会议。这些会议将为各部门提供一个共同讨论规章制度执行情况的平台，以便于大家共同了解问题、分享经验和提出解决方案。在会议上，各部门能够就存在的问题进行深入的讨论，并协调解决这些问题。

3. 制订协作计划

为了更好地实施跨部门合作，制订协作计划。这个计划将明确各部门的合作目标、任务和时间表，以确保各部门能够有条不紊地推进工作。根据学校的实际情况和需求，制订具体的协作计划，并将其纳入学校的年度工作计划中。通过制订协作计划，可以更好地组织和管理跨部门合作，确保各项工作能够顺利进行。

4. 建立信息共享平台

为了促进跨部门之间的信息共享和协同工作，高校需要建立一个信息共享平台。这个平台为各部门之间交流和共享信息提供渠道，以便于大家及时获取所需的信息和资源。通过建立信息共享平台，可以更好地整合各方资源，提高工作效率和协同能力。

5. 加强培训和交流

组织相关的培训活动，提高各部门成员的协作能力和沟通能力。鼓励各部门之间的交流和学习，以便于大家相互借鉴经验、分享成功案例和解决问题的方法。通过加强培训和交流，进一步提升跨部门合作的效果和质量。

（七）关注特殊群体

1. 提供专门指导

针对国际学生、少数民族学生等特殊群体，学校应提供专门的规章制度指导和解读。包括对学校规章制度的详细解释，以及针对特殊群体可能面临的特殊情况的个性化建议。通过提供专门的指导，学校可以帮助这些特殊群体更好地理解和遵守学校的规章制度，从而减少违规行为的发生。

2. 尊重文化差异

学校还应帮助国际学生、少数民族学生等特殊群体更好地适应学校的文化环境，降低因文化差异导致的违规行为。可以通过开展文化交流活动、组织文化体验课程等方式实现。学校可以邀请国际学生分享自己的文化背景和习俗，也可以组织参观当地文化景点，让学生们更好地了解和尊重不同文化之间的差异。学校还可以设立文化适应辅导中心，为特殊群体提供心理咨询和支持，帮助其更好地适应新的文化环境。

3. 建立特殊群体代表机构

为了更好地关注特殊群体的需求和问题，学校可以建立特殊群体代表机构。这个机构可以由特殊群体的学生代表组成，可以与学校管理层进行定期沟通，反映特殊群体的意见和建议。通过建立这样的机构，学校可以更加及时地了解特殊群体的需求，并采取相应的措施来解决问题，提高特殊群体的满意度和融入感。

4. 加强宣传教育

为了提高全校师生对特殊群体的关注和理解，学校应加强宣传教育工作。这可以通过举办主题讲座、开展宣传活动等方式实现。学校可以邀请专家学者、特殊群体的代表等来校举办讲座，向师生们介绍特殊群体的文化背景、特点和需求，增强大家对其尊重和理解。学校还可以利用校园媒体、社交媒体等渠道，发布关于特殊群体的相关信息和故事，引导全校师生关注特殊群体的生活和成长。

第四章

高校学生管理流程优化

第一节 高校学生管理流程的概述

随着高校规模的不断扩大和学生数量的增加，高校学生管理工作日益繁重。高效、科学的管理流程不仅有助于提高管理效率，还能为学生的全面发展创造更加优良的环境。传统的高校学生管理流程由于设计不合理、执行不规范等原因，存在诸多弊端，已难以适应现代教育管理的需要。对高校学生管理流程进行优化，既是高校管理创新的必然要求，也是提高学生管理工作水平的有效途径。

一、高校学生管理流程的定义与重要性

高校学生管理流程是高等教育机构为确保学生教育和管理工作的有序进行而制定的一系列规范化、标准化的操作步骤和程序。这些流程涉及学生从入学到毕业的各个阶段，包括但不限于入学申请、注册登记、课程选择、日常考勤、学术与行为奖惩以及毕业手续等。这些流程不仅涉及学校行政管理部门，还与教学部门、学生事务部门、后勤服务部门等多个部门紧密相关，形成一个完整、复杂的管理体系。

随着高等教育的普及和高校规模的扩大，学生管理工作变得越来越复杂

和多样化。为了确保高校在进行学生管理时能够遵循统一的标准和规范，避免出现因人而异、因地而异的管理方式，规范化与标准化管理显得尤为重要。规范化管理意味着在学生管理的各个环节中，都有明确、统一的规范和标准。标准化管理则是在规范化的基础上，进一步确保这些规范和标准的科学性、合理性和可行性。合理的高校学生管理重要性如下所示。

1. 提高管理效率

合理的管理流程能够减少不必要的管理环节和冗余操作，降低管理成本，提高管理效率。通过流程的优化和改进，可以进一步提高学生管理工作的效率和质量，使学校能够更加高效地利用有限的管理资源，为学生提供更加优质的教育服务。

2. 保障学生权益

规范的管理流程能够确保学生的合法权益得到有效保障。通过明确的管理规定和操作流程，可以确保学生在校期间能够享受到平等的教育资源和服务，避免出现歧视和不公现象。规范的管理流程还能为学生提供申诉和维权的途径，确保学生的声音能够被听到并得到妥善处理。

3. 促进教育创新

随着社会的不断发展和教育改革的不断深入，高校教育管理也面临着新的挑战和机遇。通过对管理流程的优化和创新，可以推动高校教育模式的转变和升级，使其更加符合时代发展的需要和人才培养的目标。管理流程的创新还能激发学生的创造力和创新精神，为培养创新型人才提供有力支持。

4. 提升学校整体竞争力

高效、规范的学生管理流程不仅有助于提高学校的内部管理水平，还能提升学校的整体形象和竞争力。一个管理有序、服务优质的学校能够吸引更多的优秀学生和教师前来学习和工作，从而进一步提高学校的学术水平和综合实力。

二、传统高校学生管理流程的现状及挑战

传统的高校学生管理流程通常涉及学生入学、注册、选课、考试、奖惩、毕业等方面，需要学校多个部门的协同合作。在传统的管理流程中，学校通常会制定一系列规章制度和操作指南，以确保各项学生管理工作能够有章可循、有据可查。这些流程和规定在一定程度上为学生的教育和管理提供了基本保障，确保了学校日常工作的正常运转。然而，随着社会的快速发展和教育改革的不断推进，传统的高校学生管理流程逐渐暴露出一些问题，面临着诸多挑战。

1. 流程烦琐与效率低下

传统的管理流程往往设计得相对复杂，涉及多个部门和环节，需要学生花费大量时间和精力在办理各种手续上。这不仅影响了学生的学习和生活，也降低了学校的管理效率。烦琐的流程还可能导致信息传递不畅和沟通障碍，进一步加剧了管理难度。

2. 信息孤岛

在传统的管理流程中，各部门之间缺乏有效的信息共享机制，导致学生在办理事务时需要来回奔波于不同部门之间。这不仅增加了学生的办事成本和时间成本，也容易导致信息失真和延误。信息孤岛还可能造成管理上的重复工作和资源浪费，降低了学校整体的管理效能。

3. 服务缺失

传统的管理流程往往以管理为中心，忽视了学生的实际需求和服务体验。学生在遇到问题时难以得到及时有效的帮助和支持，导致学生对管理工作的满意度不高。这不仅影响了学生的积极性和参与度，也损害了学校的形象和声誉。

4. 缺乏灵活性与创新不足

传统的管理流程一旦制定就很少进行调整和优化，难以适应学生多样化、个性化的需求以及教育改革的新要求。这在一定程度上限制了学生的全面发展和管理工作的创新。僵化的管理流程还可能抑制教师和学生的创造力和创新精神，不利于培养创新型人才。

5．技术落后与数字化转型压力

随着信息技术的发展和应用，高校管理工作面临着数字化转型的挑战。传统的管理流程在技术应用方面相对落后，无法实现信息化、智能化的管理。这不仅影响了管理效率的提升，也制约了学校在现代教育领域的竞争力。

第二节 高校学生管理流程的分析与设计

随着高校教育模式的转变和学生需求的多样化，传统的学生管理流程已难以适应新的发展需要。为提升管理效率，满足学生个性化需求，深入探讨高校学生管理流程的分析与设计。通过对现有流程的需求分析，明确流程设计的目标与原则，并结合实例展示如何基于需求分析进行流程设计，旨在为高校学生管理流程的优化与创新提供思路与方法。

一、高校学生管理流程的需求分析

（一）学生需求

1．便捷性

（1）学生在日常学习和生活中面临着多种任务和活动，其往往希望能够快速地完成学校的行政任务，以便将更多的时间和精力投入学习和个人发展上。其期望管理流程能够简化，避免烦琐的步骤和不必要的等待时间。

（2）随着科技的进步，学生们更习惯于数字化的线上操作方式。其希望能够通过手机、电脑等终端随时随地完成相关手续，而不是受到时间和地点的限制。

（3）简化流程不仅意味着减少操作步骤，还意味着减少不必要的纸质材料提交和重复的信息录入，使整个过程更加高效和流畅。

2．个性化

每个学生都是独特的个体，其需求、兴趣、背景和能力各不相同。因此，其期望学校的管理流程能够考虑到这种多样性，提供符合其个人需求的服务。对于有特殊学术需求或身体条件的学生，其可能需要特殊的服务和支持。管理流程应该具备足够的灵活性，以满足这些学生的特定要求。随着个性化教育的兴起，学生更希望管理流程能够支持其个性化学习路径和计划，而不是一刀切的标准流程。

3．信息透明

在涉及学生事务的管理流程中，信息的及时性和准确性至关重要。学生们希望能够随时了解与自己相关的各类信息，如课程安排、考试通知、成绩发布、奖学金评选等。信息的不透明或延迟可能导致学生的困惑、焦虑甚至误解，影响其学习和生活计划。学生期望管理流程能够提供实时、准确的信息更新和反馈机制。学生也希望能参与学校政策、规定的制订，这有助于增强其归属感和责任感。

（二）学校管理需求

1．规范性

作为教育机构，学校必须确保自身的管理实践严格遵循教育部门的规定、政策和指导原则。这涉及从招生到毕业，以及期间的各种教育和管理活动。学校的管理流程需要与这些规章制度相一致，确保所有操作都在合法和合规的框架内进行。

规范性不仅意味着遵守外部规定，还包括学校内部的政策和程序。这些政策和程序是确保学校日常运作顺畅、各部门之间协调合作的基础。管理流程的设计和实施需要遵循这些内部规范，以确保学校整体的稳定性和一致性。

规范的流程也有助于维护学校的声誉和形象。当学校能够展示其管理实践是严格遵循教育标准和最佳实践时，其更容易获得学生、家长和社会的信任和尊重。

2. 高效性

学校通常面临着资源有限的挑战。提高管理效率成为优化资源配置、降低成本的关键。高效的管理流程能够确保学校资源得到最大限度的利用，减少浪费和不必要的支出。高效性还体现在对学生需求的快速响应上。当管理流程能够迅速、准确地处理学生事务，提供及时的服务和支持时，学生的满意度也会相应提高。

为了实现高效性，学校需要不断评估和改进其管理流程。这可能涉及简化程序、采用先进的技术工具、培训员工等措施。

3. 数据驱动

在数字化时代，数据已经成为管理者进行决策的重要依据。学校需要收集和分析多方面的数据，以更深入地了解高校的运作情况和存在的问题。

通过数据分析，学校可以识别出管理流程中的瓶颈、浪费和潜在改进点。这些数据还可以帮助学校预测未来趋势，为战略规划提供有力支持。

数据驱动的管理还意味着学校需要建立强大的数据收集、存储和分析能力。这可能包括建立专门的数据管理系统、培训员工使用数据分析工具以及与外部合作伙伴共享数据等举措。通过这些努力，学校可以确保其管理流程始终基于最新、最准确的信息进行，从而实现持续改进和卓越运营。

（三）教职工需求

1. 可操作性

对于教职工来说，其日常工作中的一大部分可能涉及与学生管理相关的任务。管理流程的操作简便性和用户友好性变得尤为重要。一个设计良好的流程能够显著减少教职工在处理学生事务时的时间和精力消耗。

操作性的提升可以通过多种方式实现，比如提供清晰、简洁的操作指南，使用直观、易于导航的管理系统界面，以及确保系统的稳定性和可靠性。教职工可以更加高效地完成工作，减少出错的可能性，从而提升整体的工作满意度。

管理流程还应考虑到教职工的不同技术水平和经验背景。通过提供不同层次的培训和支持，确保所有教职工都能够熟练地操作系统，完成学生管理任务。

2．协作性

学生管理往往涉及多个部门和人员之间的紧密合作。从招生办公室到教务处，再到学生事务部门和各个学术部门，每个部门都在学生成长的不同阶段扮演着重要角色。一个高效的管理流程必须能够促进这些部门之间的顺畅沟通和协作。

实现协作性的关键可能包括建立明确的责任分工和沟通渠道，使用共享的数据平台来减少信息孤岛，以及定期举行跨部门会议来讨论各部门共同关心的问题和挑战。

3．培训与支持

随着技术和教育理念的不断更新，管理流程也会随之变化。对于教职工来说，适应这些新流程和工具可能是一个挑战。提供持续、有效的培训和技术支持变得至关重要。

培训可以涵盖新流程的介绍、系统操作的演示、常见问题解答等方面，确保教职工对新流程有全面、深入的理解。提供一对一或小组辅导、在线帮助文档和视频教程等多样化的支持方式，以满足不同教职工的学习需求。

定期的反馈收集和评估也是必要的。通过收集教职工在实际操作中遇到的问题和建议，学校可以不断完善培训内容和支持措施，确保教职工能够充分利用新流程的优势提升学生管理工作的效率和质量。

二、高校学生管理流程设计的目标与原则

（一）高校学生管理流程设计的目标

1．提高学生满意度

（1）学生的满意度是衡量学校教育质量和管理效果的重要指标。通过精心设计的管理流程，学校可以确保学生得到及时、准确、个性化的服务。

（2）流程的优化意味着减少学生办事的等待时间，简化操作步骤，提供更加便捷的服务渠道。当学生能够轻松地完成选课、注册、申请奖学金等任务时，其学习体验会得到显著提升。

（3）满足学生多样化需求也是提高满意度的关键。管理流程应具备足够的灵活性和可定制性，以适应不同学生的特殊需求和偏好。每个学生都能感受到学校对其关注和尊重，进而对学校产生更深的认同和信任。

2．提高管理效率

（1）随着高校规模的扩大和学生数量的增加，管理效率成为影响学校运营效果的关键因素。通过简化管理流程，减少不必要的环节和冗余操作，学校可以显著提高管理效率，降低运营成本。

（2）高效的管理流程有助于提升教职工的工作效率。当教职工能够快速地处理学生事务，减少重复劳动和错误发生时，其工作满意度也会相应提高。这种提升不仅有助于降低教职工的流失率，还能为学校创造更加积极、高效的工作氛围。

（3）通过采用先进的技术工具和自动化解决方案，学校可以进一步优化管理流程，实现资源的最佳配置和利用。这样不仅可以降低成本，还有助于学校的长期发展。

（二）高校学生管理流程设计的原则

1．以学生为中心

（1）学生是学校服务的核心对象，因此管理流程设计必须始终以学生需

求为导向。在设计流程时，需要深入了解学生的需求、期望和关切，确保管理流程能够满足其实际需求。

（2）学生中心的原则还要求学校将学生视为合作伙伴，鼓励其参与到管理流程的设计和改进中来。通过听取学生的声音，学校可以更加精准地识别问题，制定更加贴合学生需求的解决方案。

（3）学生中心也意味着管理流程应该提供个性化的服务。每个学生都是独特的个体，其需求和期望也会有所不同。管理流程需要具备足够的灵活性和可定制性，以便为每个学生提供定制化的服务体验。

2. 简洁高效

（1）管理流程的简洁性意味着减少不必要的环节和步骤，避免冗余和浪费。通过简化流程，学校可以降低管理成本，提高工作效率，同时为学生提供更加便捷的服务体验。

（2）高效性则要求管理流程能够快速响应学生需求，提供及时的服务。这涉及优化流程设计、提高系统性能、提升员工效率等多个方面。通过采用先进的技术工具和自动化解决方案，学校可以进一步提高管理效率，实现资源的优化配置。

（3）简洁高效的原则还要求学校在设计管理流程时考虑到可持续性和可扩展性。随着学校的发展和外部环境的变化，管理流程需要能够灵活适应新的需求和挑战。

3. 信息透明

（1）信息透明是管理流程设计的重要原则之一。其要求学校在管理过程中及时、准确地传递信息，确保所有相关方都能够获得所需的信息和数据。

（2）通过提供透明的信息管理机制，学校可以减少信息不对称带来的问题，增强学生和教职工的信任感和满意度。透明的信息也有助于促进学校内部的沟通和协作，推动各部门之间的紧密合作。

（3）信息透明的实现需要借助先进的信息技术和管理工具。学校可以建立统一的信息平台，提供实时的数据更新和查询功能，确保相关方都能够方便地获取所需的信息。

4．持续改进

（1）管理流程设计并不是一次性的任务，而是一个持续优化的过程。随着学生需求、技术环境和教育政策的变化，管理流程也需要不断进行调整和改进。

（2）持续改进的原则要求学校建立有效的反馈机制和数据收集系统，以便及时了解学生和教职工的意见和建议。通过分析这些反馈和数据，学校可以识别出存在的问题和改进的空间，进而制定相应的优化措施。

（3）学校要鼓励教职工和学生提出新的想法和解决方案，确保其管理流程始终保持最佳状态，为学生提供更加优质、高效的服务体验。

第三节　高校学生管理流程的优化策略与方法

随着高校教育模式的不断创新和学生需求的日益多样化，传统的学生管理流程已难以适应新时代的要求。为提升学生满意度、提高管理效率、并推动教育创新，高校急需对其管理流程进行优化。

一、流程优化的策略思考

（一）明确优化目标

在探讨高校学生管理流程的优化时，首要任务就是清晰、具体地定义期望达到的目标。这不仅是为了给参与优化的团队提供一个清晰的方向，更重要的是，明确的目标能够在整个优化过程中起到指导和决策支持的作用。

1．针对核心问题进行定义

在明确优化目标的过程中，需要针对当前高校学生管理流程中的核心问题进行定义。问题可能涉及流程的复杂性、处理时间、错误率、学生满意度等多

个方面。通过对这些问题的分析，可以将优化目标聚焦于最需要改进的环节。

2．量化与具体化

例如，如果认为当前流程处理时间过长，那么一个具体的优化目标可能是“将流程处理时间减少 30%”。如果关注错误率，目标可以是“将错误率降低到 1% 以下”。这样的量化目标不仅有了明确的指标，还能够在项目完成后提供客观的评估标准。

3．考虑长期与短期目标

在设定优化目标时，需要考虑长期和短期目标的平衡。短期目标可能更多地关注立即可见成效的改进，如减少流程时间或降低错误率；而长期目标则可能涉及更深层次的改变，如提升整体管理效率或构建更加学生中心的管理体系。

4．确保目标的可行性

在设定目标时，需要确保其在实际操作中的可行性。这涉及对现有资源、技术和人员能力的评估。一个过于理想化或不切实际的目标可能会导致优化项目的失败或资源的浪费。

（二）全面分析现有流程

全面分析现有流程是高校学生管理流程优化的核心环节。只有通过深入、细致地审查现有流程的每个环节和步骤才能准确地识别出存在的问题、瓶颈以及潜在的改进点。

1．细致审查每个环节

流程优化不是一项可以轻率对待的任务。其要求对每个环节、每个步骤都进行严格的审查。需要深入了解当前的流程设计、操作步骤、人员配置、时间消耗等各个方面。通过这样的审查，可以发现那些可能导致资源浪费的环节。

2．识别瓶颈与浪费

在审查过程中，特别需要关注那些可能成为流程瓶颈的环节。这些瓶颈可能是由于资源不足、技术限制或管理不当等原因造成的。需要警惕流程中的任何浪费现象，如不必要的人工操作、过多的等待时间或无效的沟通等。

3．利用工具进行可视化分析

为了更好地理解现有流程并找出问题所在，使用流程图、数据可视化等工具是非常有帮助的。流程图可以清晰地看到流程的整体结构和各个环节之间的关系，而数据可视化则可以更直观地了解流程的性能和问题所在。

4．收集和分析相关数据

除了对流程进行直观的审查外，还需要收集和分析相关的数据。这些数据可能包括处理时间、错误率、资源消耗等各个方面。通过对这些数据的分析，可以更准确地了解流程的实际运行情况，从而为优化工作提供有力的数据支持。

5．持续监控与反馈

流程分析不是一次性的任务，而是一个持续的过程。在优化措施实施后，需要持续监控流程的运行情况，并根据反馈进行必要的调整。可以确保优化措施的实际效果与预期目标相符，并在必要时进行进一步的优化。

（三）引入学生视角

在高校学生管理流程的优化中，学生的声音是不可或缺的，学生的实际需求、痛点以及对流程的期望都是必须认真倾听和考虑的。

1．定期收集学生反馈

要确保优化措施真正符合学生的需求，最直接的方法就是定期与学生进行沟通。这可以通过问卷调查、深度访谈、焦点小组讨论等多种方式实现。通过这些方法，可以直接了解到学生对当前流程的看法、其在使用流程中遇到的问题以及其对未来流程的期望。

2．重视学生的痛点和需求

在收集到学生的反馈后，需要认真分析并重视其痛点和需求。这些痛点和

需求可能是关于流程效率、服务质量、信息透明度等各个方面的问题。针对这些问题，需要制定相应的优化措施，以确保新的流程能够更好地满足学生的需求。

3. 以用户为中心的设计思维

引入学生视角实际上是一种“以用户为中心”的设计思维。在优化流程时，需要时刻站在学生的角度思考，确保每一项优化措施都能真正提高学生的满意度和参与度。这种设计思维不仅有助于提升流程的实际效果，还能够增强学生的归属感和参与感。

4. 持续改进与动态调整

学生的需求和期望是随着时间和环境的变化而不断变化的。引入学生视角不是一次性的任务，而是一个持续的过程。需要定期收集和分析学生的反馈，以便及时了解其最新需求和痛点，并据此对流程进行动态调整和优化。

5. 培养学生的参与意识

除了收集学生的反馈外，还可以通过各种方式培养学生的参与意识。例如，可以邀请学生代表参与流程优化的讨论和决策过程，或者设立专门的渠道让学生可以随时提出对流程的建议和意见。不仅可以增强学生的参与感和归属感，还能够优化工作提供更多的灵感和思路。

（四）跨部门合作

高校学生管理流程的优化不仅是对单一环节或步骤的改进，更往往涉及学校内部多个部门之间的协同合作。由于学生管理流程跨越了如招生、教务、学生事务等多个部门，建立有效的跨部门协作机制成为流程优化不可或缺的一环。

1. 强化跨部门沟通与合作

在传统的部门化管理模式下，各个部门往往各自为政，导致资源分配不均、信息沟通不畅以及工作重复等问题。为了打破这种局面，需要通过定期的跨部门会议、工作坊或项目小组等形式，促进不同部门之间的沟通和合作。不仅可以加强部门间的相互了解，还能够为流程优化提供更加全面和多元化的视角。

2. 建立资源共享机制

除了沟通之外，实现资源共享也是跨部门合作的重要目标之一。通过共享人力、物力、信息等资源，可以避免资源的浪费和重复投入，从而提高整个学生管理流程的效率和质量。例如，招生部门与教务部门可以共享学生信息，以减少数据录入和核对的工作量；学生事务部门则可以与教务部门合作，共同为学生提供更加便捷和全面的服务。

3. 明确职责与角色定位

在跨部门合作中，明确各个部门的职责和角色定位至关重要。这有助于避免工作重复、减少推诿扯皮，并确保每个部门都能在优化工作中发挥出最大的作用。为了实现这一目标，可以制订详细的职责清单和工作流程图，明确每个部门的任务、责任和权力。

4. 建立有效的协调机制

当不同部门在合作过程中遇到分歧或冲突时，如何进行有效的协调就显得尤为重要。可以设立专门的协调机构或指定专门的协调人员，负责协调不同部门之间的利益和关系。还可以建立定期评估和调整机制的途径，确保跨部门合作能够持续、稳定地推进。

5. 培养跨部门合作意识

要真正实现有效的跨部门合作，还需要在学校内部培养一种跨部门合作的意识和文化。这可以通过组织跨部门培训、交流活动等方式实现，让各个部门都能够认识到合作的重要性，并愿意为共同的目标而努力。

二、高校学生管理流程优化的方法

在明确了优化目标、全面分析了现有流程、引入了学生视角并建立了跨部

门合作机制后，可以进一步探讨高校学生管理流程优化的具体方法。以下是一些可行的优化措施。

1. 简化流程环节

为了提高整体流程的效率，去除不必要的环节和步骤是首要任务。这可以通过合并相似环节、采用自动化工具代替人工操作等方式实现。例如，利用在线表单和自动化审批系统，可以减少纸质材料的传递和人工审核的时间消耗。去除冗余环节也可以降低错误率并提高学生满意度。

2. 引入信息化手段

借助先进的信息技术和管理系统，高校学生管理流程可以实现自动化和智能化。例如，通过建立学生信息数据库和在线服务平台，可以实现学生信息的实时更新和共享，减少重复录入和核对的工作。利用大数据分析、人工智能等技术，可以对流程进行实时监控和预测，为管理决策提供有力支持。

3. 标准化管理

制定统一的操作规范和标准是实现流程优化的基础。通过标准化管理，可以确保各个环节的执行质量和效率，降低培训成本和提高员工工作效率。标准化管理也有助于提升学校的整体形象和品牌价值。

4. 个性化服务

在满足基本管理需求的同时，提供更加个性化的服务可以满足不同学生的多样化需求。例如，为特殊学生群体（如残疾学生、国际学生等）提供定制化的服务流程，以确保其能够得到平等、无障碍的教育机会。提供多语种服务、建立学生服务中心等措施也可以提高学生的满意度和归属感。

5. 持续改进与反馈机制

优化高校学生管理流程不是一次性的任务，而是一个持续的过程。建立有效的持续改进与反馈机制至关重要。这可以通过定期收集和分析学生、教职工以及其他利益相关者的反馈来实现。针对收集到的意见和建议，学校应及时调整和优化流程，确保其始终与学生的实际需求保持一致。

三、优化后的高校学生管理流程实施与评估

1. 制订实施计划

为了确保优化措施的有效推进，制订一个全面而具体的实施计划至关重要。该计划应包括以下内容。

时间表：明确各项优化措施的开始和结束时间，确保所有工作都能在预定的时间内完成。

责任人：指定每项任务的具体负责人，确保工作的顺利进行和责任的明确。

资源需求：评估并准备实施优化措施所需的各项资源，如人力、物力、财力等。

风险应对：预先识别可能遇到的挑战和风险，并制订应对策略。

2. 持续监控与调整

实施优化措施后，需要对新流程进行持续的监控，确保其按预期运行。具体包括以下内容。

流程监控：定期跟踪新流程的运行情况，收集相关数据，如处理时间、错误率等。

问题反馈：鼓励学生和教职工提供流程使用中的问题和建议，建立有效的反馈机制。

灵活调整：根据实际情况和反馈，对新流程进行必要的调整和优化，确保其始终与学校的实际需求相匹配。

3. 绩效评估

为了准确衡量新流程的效果，需要进行定期的绩效评估。评估指标可以包括以下内容。

学生满意度：通过调查问卷或在线评价系统收集学生对新流程的满意度数据。

流程处理时间：比较优化前后的流程处理时间，评估效率提升情况。

成本节约：分析新流程实施后的资源消耗情况，评估成本节约效果。

错误率：统计新流程运行中的错误发生情况，评估流程稳定性和准确性。

4．持续改进

基于绩效评估结果和学生反馈，进行持续的流程改进是保持高校管理先进性的关键。改进措施可以包括以下内容。

定期审核：定期对管理流程进行全面审核，识别潜在问题和改进机会。

引入新技术和方法：持续关注教育管理领域的新技术和方法，及时将其引入到管理流程中。

经验分享与培训：鼓励管理人员分享成功经验，提供必要的培训和支持。

目标更新：随着学校发展和教育环境的变化，及时更新管理流程的优化目标，确保其始终与学校的发展战略保持一致。

通过制订详细的实施计划、持续监控与调整、绩效评估以及持续改进，可以确保高校学生管理流程的优化措施得到有效实施并取得预期效果。这将有助于提升学校管理效率、提高学生满意度并促进学校的整体发展。

第五章

高校学生心理健康教育

高校学生管理工作的目标是全面关注和促进学生的身心健康发展。心理健康是学生全面发展的重要组成部分，高校学生管理工作需要重视学生的心理健康问题，并提供相应的支持和服务。

第一节 高校学生心理健康教育概述

在快速发展的现代社会中，高校学生的心理健康问题逐渐凸显，成为教育领域不可忽视的焦点。心理健康教育作为促进学生全面发展的重要手段，旨在帮助学生建立积极健康的心态，提升心理素质，以更好地应对生活中的挑战和压力。

一、心理健康教育的定义

高校心理健康教育是高校教育的重要组成部分，它以学生的心理和生理发展规律为核心，运用心理学的理论和技术，通过开展多样化的教育活动和心理干预措施，帮助学生提高心理素质，增强心理适应能力，促进学生的全面发展和健康成长。

高校心理健康教育关注学生的认知、情感、行为和个性等方面，通过心理咨询、心理辅导、心理治疗等多种方式，解决学生在学习、生活和职业发展等方面遇到的心理问题，提升学生的心理健康素养。

高校心理健康教育还包括预防和干预心理问题的措施。学校应建立健全的心理健康档案和心理危机干预机制，及时发现和解决学生的心理问题，避免问题进一步恶化。同时，学校还应开展心理健康宣传和教育活动，提高学生心理健康的意识和自我保护能力。

高校心理健康教育是一项复杂的系统工程，需要学校各个方面的支持和配合。学校应建立完善的心理健康教育机构和师资队伍，提供专业的心理服务和支持。同时，学校还应加强与其他部门的合作，如学生工作处、校医院等，共同推进心理健康教育工作的开展。

总之，高校心理健康教育是促进学生全面发展和健康成长的重要保障，学校应重视并加强这方面的工作，为学生提供更好的服务和支持。

二、高校学生心理健康教育的重要性

（一）促进个体成长

1. 自我认知提升

心理健康教育引导学生认识和理解自己的情绪、思维模式和行为习惯，帮助他们建立清晰的自我形象和自我价值观念。

（1）情绪识别与理解。心理健康教育帮助学生认识和识别自己的各种情绪，如快乐、悲伤、愤怒、恐惧等，并理解这些情绪产生的原因和影响。这有助于学生更好地管理自己的情绪，避免被负面情绪所困扰。

（2）思维模式分析。通过心理健康教育，学生能够了解自己的思维方式和习惯，包括积极的思维模式（如乐观、灵活、解决问题导向）和消极的思维模式（如悲观、固执、过度担忧）。了解自己的思维模式有助于学生调整和优化思考方式，提高应对问题的能力。

（3）行为习惯反思。心理健康教育鼓励学生反思自己的行为习惯，包括日常生活、学习、社交等方面的行为。通过自我观察和分析，学生可以发现不良的行为习惯并寻找改变的方法，同时强化积极的行为模式。

（4）自我形象塑造。心理健康教育引导学生建立清晰、积极的自我形象，认识到自己的优点和潜力，同时也接受自己的不足之处。这有助于增强学生的自尊心和自信心，促进个人成长和发展。

（5）自我价值观念确立。心理健康教育帮助学生探索和确立自己的价值观，明确自己在生活、学习、职业等方面的追求和目标。拥有明确的价值观可以帮助学生做出符合自己内心选择的决策，实现个人意义和满足感。

通过以上方面的提升，自我认知的深化能够使学生更好地了解自己，接纳自己，从而在面对生活中的挑战和压力时，能够更有效地调节情绪，处理问题，实现个人成长和全面发展。

2．自我调适能力培养

在自我调适能力培养方面，心理健康教育为学生提供了丰富的心理调适技巧和策略，帮助学生更好地应对生活中的挑战和变化。

（1）情绪管理是自我调适的重要方面之一。通过学习如何识别自己的情绪、理解情绪的来源以及有效地调节情绪，学生能够更好地应对情绪波动和挑战。这包括学会冷静下来、理性思考、积极应对负面情绪等技巧。

（2）压力应对也是自我调适的重要方面。心理健康教育提供了一系列应对压力的方法和技巧，如深呼吸、放松训练、时间管理等，帮助学生有效地应对压力情境。学生可以学习如何合理分配时间、减轻压力对身心的影响，以及在压力较大时如何调整自己的心态和行为。

（3）决策制定能力的培养也是自我调适的重要方面之一。通过学习决策制定的模型和方法，学生能够更好地权衡各种因素，做出更明智、更符合自己目标和价值观的决策。这包括学习如何收集信息、分析利弊、评估风险和机会等方面的技巧。

总之，心理健康教育中的自我调适能力培养对于学生来说至关重要。通过学习心理调适技巧和策略，学生能够更好地应对生活中的挑战和变化，提高自我调节和适应能力，为未来的发展奠定坚实的基础。因此，高校应该重视并持续加强这一领域的工作，为学生提供全面的心理支持和帮助。

3．心理韧性的增强

心理健康教育在培养学生心理韧性方面发挥着重要作用。心理韧性是指个体在面对逆境、压力和挫折时，能够积极适应、恢复和反弹的能力。通过心理健康教育，学生能够逐渐增强自己的心理韧性，更好地应对生活中的挑战和压力。

（1）心理健康教育鼓励学生保持积极的心态。在面对困难和挫折时，积极的心态有助于学生更好地应对挑战，并从中学习和成长。心理健康教育通过教授学生如何调整自己的思维方式，培养乐观、自信的态度，使学生能够更积极地面对生活中的各种困难。

（2）心理健康教育培养学生的坚韧不拔的精神。坚韧不拔的精神是指学生在面对逆境时能够坚持不懈、不轻易放弃的品质。通过心理健康教育，学生可以学习到如何确定目标、计划并持之以恒地追求目标，从而培养自己的毅力和决心。

（3）心理健康教育帮助学生建立社会支持系统。心理健康教育鼓励学生主动与他人建立良好的人际关系，学会寻求帮助和支持，从而在面对挫折时能够得到更多的理解和支持。

（4）心理健康教育通过提供心理干预和辅导服务，帮助学生应对特定的心理压力和困扰。这些服务可以包括个体心理咨询、团体心理辅导等，为学生提供专业的指导和支持，帮助他们增强心理韧性，更好地应对生活中的挑战。

心理健康教育在培养学生心理韧性方面发挥着重要作用。通过鼓励学生保持积极的心态、培养坚韧不拔的精神、建立社会支持系统以及提供心理干预和辅导服务，心理健康教育能够帮助学生增强心理韧性，更好地抵御生活中的压力和困扰，实现个人的全面发展和成长。

4．人格成熟与发展

心理健康教育在人格成熟与发展方面扮演着至关重要的角色。人格是指个体在心理、情感和行为方面的独特特征，它随着个体成长和发展而形成和变

化。心理健康教育通过关注学生的个性发展和人格塑造，帮助他们建立健康的自尊心、自信心和独立性，促进其人格的成熟和完善。

（1）心理健康教育注重培养学生的自尊心。自尊心是个体对自己价值和能力的认知和评价，是人格发展的重要基础。通过心理健康教育，学生能够更好地认识自己的优点和不足，学会接纳自己、欣赏自己，从而建立起健康的自尊心。

（2）心理健康教育帮助学生建立自信心。自信心是个体对自己能力和行为的信任和肯定，是应对挑战和困难的重要心理素质。通过心理健康教育，学生可以学习如何克服自卑、树立自信，培养积极的心态和行动力，更好地应对生活中的挑战。

（3）心理健康教育注重培养学生的独立性。独立性是指个体在生活、思维和决策方面能够自主、自立的能力。通过心理健康教育，学生可以学习如何独立思考、自主决策，培养自己的独立性和自主性，更好地适应社会和应对未来的挑战。

（4）心理健康教育关注学生的人格塑造。人格塑造是指个体在成长过程中形成和发展的心理特质的总和。通过心理健康教育，学生可以了解不同的人格特质、类型和发展阶段，学习如何塑造自己的人格，培养积极的人格品质和心理特质，实现个性的全面发展。

心理健康教育在人格成熟与发展方面发挥着重要作用。通过关注学生的个性发展和人格塑造，心理健康教育帮助学生建立健康的自尊心、自信心和独立性，促进其人格的成熟和完善，为未来的发展奠定坚实的基础。因此，高校应该重视并持续加强心理健康方面的工作，为学生提供全面的心理支持和帮助。

5. 社交技能与人际关系的提升

心理健康教育在提高学生的社交技能和改善人际关系方面具有重要作用。有效的沟通技巧、团队合作能力和冲突解决策略是建立和维护积极人际关系的关键因素。通过心理健康教育，学生可以获得这些技能，促进人际关系发展。

（1）心理健康教育注重教导学生有效的沟通技巧。沟通是建立和维持人际关系的基础。通过学习如何表达自己的观点、倾听他人、理解非言语信息等技巧，学生能够更好地与他人建立联系。

（2）心理健康教育强调团队合作能力的培养。团队合作是现代社会中不可或缺的素质。通过参与团队活动、学习团队协作和领导技巧，学生能够培养自己的合作精神和团队意识，更好地与他人协作完成任务。

（3）心理健康教育为学生提供解决冲突的策略。冲突是人际关系中不可避免的一部分，如何妥善处理冲突对于维护良好的人际关系至关重要。通过学习冲突解决技巧，如妥协、调解和有效谈判等，学生能够更好地应对人际冲突，维护和谐的人际关系。

（4）心理健康教育关注学生人际关系的发展。通过教授学生如何建立信任、处理人际关系的挑战以及增强人际关系的满足感等技巧，心理健康教育有助于学生建立和维护积极的人际关系。

总之，心理健康教育在提高学生的社交技能和改善人际关系方面具有重要作用。通过教导学生有效的沟通技巧、团队合作能力和冲突解决策略，心理健康教育为学生建立和维护积极的人际关系，促进社交技能的发展提供帮助。因此，高校应该重视并持续加强这一领域的工作，为学生提供全面的心理支持和帮助。

6. 生涯规划与职业发展

心理健康教育在生涯规划与职业发展方面发挥着重要的作用。通过帮助学生明确个人兴趣、价值观和职业目标，提供生涯规划指导和支持，心理健康教育能够促进学生在学术、职业和人生各个领域的全面发展。

（1）心理健康教育帮助学生明确个人兴趣和价值观。了解自己的兴趣和价值观是进行生涯规划的重要基础。通过心理健康教育，学生可以更好地认识自己的兴趣、优势和潜能，明确自己的价值观和人生目标，从而为未来的生涯规划奠定基础。

（2）心理健康教育提供生涯规划指导。生涯规划是指个体在职业、教育和个人发展方面的长期规划。通过心理健康教育，学生可以学习如何进行生涯

规划、设定职业目标以及进行实现目标的行动计划。这包括了解不同职业领域的信息、探索适合自己的职业路径、培养职业技能和素质等方面的指导。

（3）心理健康教育关注学生的职业发展。职业发展是指个体在职业生涯中不断成长、进步和发展的过程。通过心理健康教育，学生可以学习如何在职场中适应和发展、提升自己的职业竞争力、实现职业发展和个人成长。

（4）心理健康教育促进学生在学术、职业和人生各个领域的全面发展。通过将心理健康教育与学术课程和其他学生服务相结合，学生可以获得全面的发展机会。这包括学术指导、科研支持、领导力培养、社会实践和志愿者活动等方面的机会，帮助学生全面发展自己的能力和潜力。

心理健康教育在生涯规划与职业发展方面发挥着重要作用。通过帮助学生明确个人兴趣和价值观、提供生涯规划指导和支持以及促进学术、职业和人生各个领域的全面发展，心理健康教育为学生未来的成功奠定坚实的基础。因此，高校应该重视并持续加强这一领域的工作，为学生提供全面的心理支持和帮助。

（二）预防和干预心理问题

心理健康教育在预防和干预心理问题方面具有重要的作用。通过早期的心理健康教育和干预，可以识别和预防常见的心理问题，如焦虑、抑郁等，从而减少这些问题对学生的学习、生活和未来发展的影响。

首先，心理健康教育帮助学生认识心理问题的表现和影响。了解心理问题的症状和后果是预防和干预心理问题的第一步。通过心理健康教育，学生可以学习如何识别常见的心理问题，并了解这些问题对个人和社会的影响。

其次，心理健康教育提供预防心理问题的策略和技巧。预防心理问题的发生比干预更为重要。通过心理健康教育，学生可以学习如何调整心态、管理情绪、应对压力等技巧，增强心理韧性，降低心理问题的发生风险。

同时，心理健康教育还提供心理问题的干预措施。一旦发现学生面临心理问题，及时的干预是至关重要的。心理健康教育体系应该提供一系列的干预措施，如心理咨询、心理治疗、紧急援助等，帮助学生应对心理问题，减轻其影响。

最后，心理健康教育强调与家庭、社区和医疗机构的合作。心理问题的预防和干预需要多方面的支持和资源。通过与家庭、社区和医疗机构的合作，可以为学生提供更全面的心理支持和帮助，促进其心理健康的维护和发展。

总之，心理健康教育在预防和干预心理问题方面具有重要作用。通过帮助学生认识心理问题的表现和影响、提供预防心理问题的策略和技巧、提供心理问题的干预措施以及与家庭、社区和医疗机构的合作，心理健康教育能够减少心理问题对学生的学习、生活和未来发展的影响。因此，高校应该重视并持续加强这一领域的工作，为学生提供全面的心理支持和帮助。

（三）保障校园安全与稳定

心理健康问题不仅影响学生的个人成长和发展，还可能对校园安全与稳定构成潜在威胁。有效的心理健康教育和危机干预措施对于降低风险、维护校园的安全与和谐至关重要。

（1）心理健康教育有助于提高学生的心理素质和应对能力。通过教授学生如何管理情绪、减轻压力、解决人际冲突等技巧，心理健康教育能够帮助学生建立健康的心态和积极的行为模式，从而降低学生因心理问题引发极端行为的风险。

（2）心理健康教育能够增强学生的自我意识和自我调节能力。当学生面临心理困扰或情绪波动时，他们能够运用所学的心理健康知识进行自我调节，避免情绪的失控和行为的失范，从而维护校园的和谐与稳定。

（3）心理健康教育有助于及早识别和干预学生心理问题。通过定期的心理健康筛查和评估，学校可以及时发现存在心理问题的学生，并提供专业的心理咨询和支持。这种早期的干预不仅可以帮助学生解决心理问题，防止问题恶化，还能有效预防极端行为和危机事件的发生。

在危机事件发生时，心理健康教育体系还能为学生提供紧急的心理援助和危机干预。通过专业的心理危机干预团队，学校可以迅速响应、妥善处理危机事件，减轻事件对学生和校园的负面影响，维护校园的安全与稳定。

总之，心理健康教育在保障校园安全与稳定方面发挥着重要作用。通过提高学生的心理素质和应对能力、增强学生的自我意识和自我调节能力、及早

识别和干预心理问题以及提供紧急的心理援助和干预，心理健康教育能够有效降低因心理问题引发的极端行为和危机事件的风险。因此，高校应该重视并持续加强这一领域的工作，为学生提供全面的心理支持和帮助，共同营造一个安全、稳定、和谐的校园环境。

（四）提高生活质量与幸福感

心理健康教育在提高生活质量与个人幸福感方面具有重要作用。通过培养学生积极的生活态度、正确的价值观、良好的生活习惯以及提供社交技能和人际关系支持，心理健康教育能够帮助学生更好地管理自己的生活，实现个人的幸福和满足感。

（1）心理健康教育帮助学生培养积极的生活态度。积极的生活态度是提高生活质量和个人幸福感的关键因素。心理健康教育引导学生关注生活中的积极方面，培养乐观、感恩、宽容等积极品质，帮助他们以更加积极的心态面对生活中的挑战和困难。

（2）心理健康教育引导学生树立正确的价值观。正确的价值观能够影响个体的行为和决策，对生活质量产生深远的影响。心理健康教育帮助学生明确自己的价值观，理解个人与社会的相互关系，培养责任感、同理心和尊重他人的品质，从而更好地实现个人价值。

（3）心理健康教育注重培养良好的生活习惯。良好的生活习惯是提高生活质量和个人幸福感的基础。心理健康教育关注学生的饮食、运动、睡眠等方面，提供科学的生活方式和时间管理技巧，帮助他们养成良好的生活习惯，促进身心健康。

心理健康教育还通过提供社交技能和人际关系支持来提高学生的幸福感。良好的人际关系是幸福感的重要来源之一。心理健康教育帮助学生建立健康的人际关系，提高沟通技巧和解决冲突的能力，使他们能够更好地与他人相处，获得更多的社会支持和情感满足。

（五）社会责任与道德教育

心理健康教育不仅关注个体的发展，还强调个体在社会中的角色和责任。

（1）心理健康教育注重培养学生的同理心。同理心是指个体能够理解、关心和体会他人的感受和需求。通过心理健康教育，学生学会关注他人的情感和需要，培养出关心他人、尊重他人的品质，促进高校学生人际关系的和谐发展。

（2）心理健康教育强调社会责任感的培养。社会责任感是指个体对自己在社会中承担的责任和义务的认识与担当。心理健康教育帮助学生明确自己在社会中的角色和责任，培养他们的公民意识和社会责任感，鼓励他们积极参与社会公益活动，为社会做出贡献。

（3）心理健康教育还与道德教育紧密相关。道德判断力是指个体在面对道德问题时能够做出正确、合理的判断和决策。心理健康教育引导学生树立正确的道德观念，培养道德判断力和道德行为，使他们能够在日常生活中践行良好的道德规范，形成健康的社会风气。

（六）适应社会变化与挑战

在快速变化的社会环境中，学生面临各种挑战和压力。心理健康教育帮助学生适应这些变化，培养他们的适应能力和创新能力，以应对未来的挑战。

心理健康教育帮助学生适应社会变化。随着科技的发展和社会变革的加速，学生需要不断适应新的环境和挑战。心理健康教育提供适应技巧和心理支持，帮助学生调整心态、接受变化并适应新的环境。

心理健康教育培养学生的创新能力。创新是应对未来挑战的关键能力。心理健康教育鼓励学生发挥想象力、探索新思路和尝试新方法，培养他们的创新思维和创造力，以应对未来的变革和挑战。

三、心理健康与全面发展的关系

1. 心理健康促进全面发展

心理健康在学生的全面发展中起着至关重要的作用。其不仅对学生个人的成长和幸福产生积极影响，还能促进学生的社会适应能力和创造力的发展。

（1）心理健康的学生更容易形成积极的人际关系。其能够更好地理解和尊重他人的感受和需求，建立良好的沟通和合作能力。这种积极的人际关系有助于学生在学校和社会中获得支持和帮助，增强其自信心和自尊心。积极的人际关系也能够培养学生的团队合作精神和领导能力，为其未来的职业发展打下坚实的基础。

（2）心理健康的学生更能够融入社会。其具备良好的情绪管理和应对压力的能力，能够适应不同的环境和挑战。这使得其能够更好地适应学校和社会的变化，积极参与各种活动和社交场合。通过与他人的交流和互动，其能够拓宽自己的视野，增加对社会的认知和理解，培养自己的社会责任感和公民意识。

（3）心理健康的学生更有可能在社会中做出贡献。其具备积极的心态和乐观的态度，能够面对困难和挫折，保持积极向上的动力。这种积极的心态使其更加有动力去追求自己的梦想和目标，不断努力提升自己的能力和素质。心理健康的学生也更容易发现和发挥自己的优势和潜力，为社会的进步和发展做出积极的贡献。

2. 全面发展反哺心理健康

全面发展反哺心理健康是指学生在德、智、体、美等方面的全面发展，可以提升其自信心和自尊心，增强心理韧性和适应能力，从而有助于维护和促进心理健康。

（1）在德育方面，学生通过参与各种社会实践活动和志愿者服务，培养了良好的道德品质和社会责任感。这些活动不仅让其学会了关心他人、乐于助人，还培养了其团队合作精神和领导能力。通过这些经历，学生能够更好地理解社会规则和价值观，形成正确的人生观和价值观，从而增强自信心和自尊心。

（2）在智育方面，学生通过积极参与学习，不断提升自己的知识和技能水平。其通过参加各类学科竞赛、科技创新项目等活动，培养了批判性思维和问题解决能力。其也通过自主学习和研究，培养了独立思考和创新能力。这些经历不仅提高了学生的学习成绩，还增强了其自信心和自尊心。

（3）在体育方面，学生通过参与各类体育活动，锻炼身体素质和协调能力。其通过参加运动会、比赛等竞技活动，培养了团队合作精神和竞争意识。其也通过体育锻炼，释放压力，调节情绪，提高心理素质。这些经历不仅增强了学生的身体素质，还提升了其心理韧性和适应能力。

（4）在美育方面，学生通过参与音乐、舞蹈、美术等艺术活动，培养了审美能力和创造力。其通过欣赏艺术作品、参与演出等，培养了对美的感知和表达能力。其也通过艺术创作，表达自己的情感和思想，释放内心的压力。这些经历不仅丰富了学生的精神世界，还提升了其心理健康水平。

第二节　高校学生的心理问题与原因

高校学生心理问题的产生不仅与学生个人的心理素质和应对能力有关，更受到社会环境、家庭背景、学校教育等多种因素的共同影响。深入剖析这些心理问题及其产生原因，对于有针对性地开展心理健康教育，引导学生健康成长具有重要意义。

一、学生常见心理问题

（一）学业压力

高校学生常常面临巨大的学业压力，包括考试焦虑、成绩压力、课程安排过紧等。这些问题可能导致学生出现学习困难、注意力不集中、记忆力下降等现象，甚至引发焦虑、抑郁等心理问题。高校应该关注学生的心理健康，提供必要的支持和帮助，帮助其有效应对学业压力，保持良好的学习状态和心理状态。

（1）考试焦虑是许多大学生在学业生涯中经常面临的一种心理压力。这种焦虑可能表现为紧张、不安、失眠、注意力不集中、记忆力减退、心慌、呼

吸急促等症状。在严重的情况下，考试焦虑可能会导致学生出现恐慌发作或避免参加考试。

（2）成绩压力也是学生们面临的一种常见压力。在高校中，学生们需要面对更加严格的学术要求和竞争环境。其不仅要努力取得好成绩，还要与同学们进行比较，争取在班级或专业中名列前茅。这种竞争压力常常会给学生们带来巨大的心理负担，使其感到压力很大。

（3）课程安排过紧也是学生们面临的一种学业压力。高校的课程设置通常较为紧凑，学生们需要在短时间内完成大量的学习任务。这导致其时间管理能力受到考验，很难平衡学业和其他生活方面的需求。长时间的高强度学习可能会使学生感到疲惫不堪，甚至出现学习困难、注意力不集中、记忆力下降等现象。

学业压力可能引发一些心理问题。例如，焦虑和抑郁是许多学生在面对学业压力时常常出现的心理问题。长期的学业压力可能会导致学生们产生焦虑情绪，担心自己无法应对学习任务和考试压力。同时，其也可能出现抑郁症状，感到无助、失去兴趣和动力。这些心理问题对学生的身心健康都会产生负面影响。

（二）人际关系困扰

大学是一个多元化和自由的环境，学生们来自不同的地域、文化和家庭背景，这种多样性带来了丰富的人际交往体验，但同时也带来了一系列人际关系上的问题。如何处理复杂的人际关系，成为很多大学生需要面对的课题。

在大学中，学生们需要与室友、同学、老师、辅导员以及其他校园社群建立联系。对于一些学生来说，这是一个自然的过程，他们能够快速融入新的环境，与周围的人建立良好的关系。但对于另一些学生来说，这却是一个巨大的挑战。他们可能面临社交障碍、沟通困难等问题，导致孤独感、被排斥感等负面情绪的产生。

社交障碍是一些学生在大学期间面临的主要问题之一。部分学生可能感到害羞、不自信，难以主动与他人交流和建立联系。这种社交障碍可能源于个人性格特点、过去的不良经历等。这些学生往往选择回避社交场合，避免与他人互动，进一步加剧了其孤独感和被排斥感。

除了社交障碍，沟通困难也是一些学生在处理人际关系时面临的挑战。他们可能缺乏有效的沟通技巧，无法清晰地表达自己的想法和感受，也无法理解他人的意图和需求。这种沟通困难可能导致误解、冲突和矛盾的产生，进一步破坏了学生与他人之间的关系。

（三）自我认知与定位模糊

进入大学，学生们面临着一个与以往截然不同的环境。他们不仅要应对更为复杂和繁重的学业任务，还要面对更为多元和开放的人际交往、课外活动以及未来职业规划等问题。在这样的背景下，自我认知和明确个人定位变得尤为重要。

自我认知，简单来说，就是对自己有一个清晰、准确的认识。这包括了解自己的性格、兴趣、价值观、优势和劣势等。而定位，则是在此基础上，明确自己在社会、学业和职业中的位置和发展方向。对于高校学生而言，这两个问题的解决是他们成长和发展的基石。

然而，一些学生可能会面临自我认知模糊、价值观混乱等问题。这些问题往往会导致部分学生产生自信心不足、自我否定等心理问题。自我认知模糊的学生可能对自己的兴趣、优势和潜力缺乏清晰的认识，不知道自己真正想要追求的目标是什么。这种模糊的认知会让学生感到迷茫和困惑，不知道应该如何选择自己的发展方向。而价值观混乱则可能导致学生对于什么是重要的、什么是有意义的等问题存在疑惑和混淆。这种混乱的价值观会让学生在选择和决策时感到困惑，容易迷失自己。

（四）情绪与行为问题

在学生群体中，部分学生可能会出现情绪不稳定、易怒或暴躁等问题。这些情绪问题可能源于学业压力、人际关系困扰、家庭环境等多种因素的交织影响。当学生无法有效应对这些情绪时，其可能会表现出极端的行为。

情绪不稳定的学生常常情绪起伏较大，时而兴奋激动，时而沮丧消沉。这种情绪波动不仅会影响学生的学习效果，还可能导致其在社交场合中表现出不

适当的行为，给他人带来困扰和不适。

易怒或暴躁的学生往往对外界的刺激反应过度，容易产生冲动和愤怒的情绪。其可能会因为一些小事而大发雷霆，甚至采取暴力行为来发泄自己的情绪。这种行为不仅会伤害到他人，也会给自己带来不良后果，如被学校处罚、失去朋友等。

二、问题产生的外部原因分析

（一）社会环境因素

当前社会竞争日益激烈，对大学生的要求也越来越高。就业压力、经济压力等社会问题都可能对学生造成心理压力，导致心理问题的产生。在这样一个竞争激烈的社会环境中，大学生面临着巨大的挑战和压力。

1. 就业压力

随着大学毕业生数量的增加，就业市场的竞争也越来越激烈。许多大学生可能会感到焦虑、沮丧和失落，甚至影响到其学习和生活。

2. 经济压力

随着物价的上涨和生活成本的增加，许多大学生在经济上感到压力重重。其可能需要依靠家庭的经济支持来支付学费和生活费用，这给其带来了额外的负担和焦虑。

3. 社会问题

例如，社会不公平现象、人际关系问题、家庭矛盾等都可能给大学生带来心理压力。其可能会感到无助、失望和孤独，进而导致心理问题的产生。

（二）家庭背景因素

家庭环境对学生的心理健康有着深远的影响。家庭教育方式、家庭经济状况、父母关系等因素都可能对学生的心理发展产生影响，导致心理问题的出现。

1. 家庭教育方式

不同的家庭教育方式会对学生的心理健康产生不同的影响。一些家长采用严厉的教育方式，对学生施加过多的压力和期望，可能导致学生产生焦虑、自卑等心理问题。而另一些家长则过于溺爱孩子，缺乏适当的管教和引导，可能导致学生缺乏自律和责任感。家长应该根据孩子的个性和需求，采取适当的教育方式，既给予关爱和支持，又注重培养孩子的独立性和自信心。

2. 家庭经济状况

家庭经济困难的学生会面临经济压力，从而有可能产生自卑、焦虑等心理问题。家庭经济状况也会影响学生的学习环境和资源，限制了其发展机会。社会应该关注贫困家庭的学生，并为其提供必要的帮助和支持，确保其能够享受到公平的教育和发展机会。

3. 父母关系

父母关系也是一个重要的家庭背景因素。和谐的家庭关系有助于学生的心理健康发展，而紧张和冲突的家庭关系则可能给学生带来负面影响。家庭问题可能导致学生产生情绪不稳定、行为问题等心理困扰。家长应该注重维护良好的家庭关系，为孩子提供一个和谐的成长环境。

（三）学校教育因素

学校教育环境在学生心理健康方面扮演着重要的角色。课程设置、教学方式以及师生关系等因素都可能对学生的心理产生影响。

1. 课程设置

课程设置是学校教育中的重要组成部分。如果课程设置过于繁重，学生可能会感到压力过大，导致焦虑和抑郁等心理问题的出现。学校应该合理规划课程，兼顾学生的兴趣爱好和实际需求，使学生能够全面发展并保持积极的心态。

2. 教学方式

教学方式也是影响学生心理健康的重要因素。传统的以讲授为主的教学方式可能使学生缺乏主动性和参与感，导致学习兴趣的下降和学习动力的减弱，而采用互动式教学、探究式学习等方法，可以激发学生的学习兴趣和积极性，提高其学习效果和心理健康水平。

3. 师生关系

师生关系对学生的学习和心理健康也有着重要的影响。良好的师生关系可以建立起师生之间的信任和尊重，使学生感受到被关心和支持。教师应该关注学生的个性特点和需求，给予其适当的关怀和指导，帮助其解决学习和生活中的问题，从而促进其心理健康发展。

（四）个人因素

个人因素在学生心理问题的形成中扮演着重要的角色。学生的个人性格、心理素质以及应对方式等因素都可能对其面对压力和挑战时的应对能力产生影响，进而导致心理问题的产生。

1. 个人性格

个人性格是影响学生心理问题的重要因素之一。一些学生可能天生性格内向，不善于与他人交流和表达自己的情感。这种性格特点使得其在面对社交场合时更容易感到焦虑和不安，从而产生社交焦虑和孤独感。其可能会因为担心被他人评价或拒绝而避免参与社交活动，进一步加剧了其孤独感。

2. 心理素质

心理素质也是影响学生心理问题的关键因素之一。一些学生可能缺乏自信心，对自己的能力和价值产生怀疑。这种心理状态使得其在面对压力和挑战时更容易感到无助和沮丧，从而导致心理问题的产生。其可能会因为缺乏自信而放弃追求自己的目标，或者过度担心失败而无法充分发挥自己的潜力。

第三节 高校学生心理健康教育的方法与途径

随着高校学生心理问题的日益凸显，探索有效的心理健康教育方法和途径显得尤为重要。深入探讨如何通过多样化的教育方法和途径，全面、深入地推进高校学生心理健康教育。从课程教学到个体咨询，从校园文化活动到社会实践活动，再到网络平台的利用，通过逐一剖析这些方法和途径的优势与实施策略。通过整合校内外资源，构建家校合作共建的模式，本书期望能为高校心理健康教育提供一套系统、科学、有效的解决方案。

一、教育方法探讨

（一）课程教学

课程教学是高校学生心理健康教育的主渠道。通过开设心理健康相关课程，可以系统地向学生传授心理健康知识，提高学生的心理健康意识。这类课程可以包括心理健康概论、心理调适技巧、压力管理等，旨在帮助学生建立正确的心理健康观念，掌握基本的心理调适方法。同时，结合案例分析、角色扮演等教学方法，可以增强学生的参与感和体验感，提高教学效果。

（二）个体咨询与辅导

个体咨询与辅导是针对学生个人心理问题的有效干预手段。通过一对一的咨询和辅导，可以深入了解学生的心理状态和需求，提供个性化的支持和帮助。这种方法可以帮助学生解决学业、人际、情感等方面的困惑和问题，提高学生的自我认知和自我调节能力。同时，个体咨询与辅导还可以为学生提供心理危机干预和转介服务，确保学生的心理健康得到及时有效的保障。

（三）团体心理活动

团体心理活动是一种以团体为对象的心理健康教育方法。高校通过组织各种形式的团体活动，如心理训练、团队建设、角色扮演等，可以帮助学生增强团队协作能力、沟通能力等社会技能，提高学生的心理素质和抗挫折能力。团体心理活动还可以为学生提供一个互相支持、共同成长的环境，促进学生的心理健康发展。

在实施以上教育方法时，需要注意以下几点：首先，要针对不同年级、不同专业的学生提供有针对性的教育内容和方法；其次，要尊重学生的主体地位和个性差异，注重启发式、引导式的教学方法；最后，要加强与教育部门、专业机构的合作与联动，确保教育方法和内容的科学性和有效性。

二、教育途径拓展

（一）校园文化活动

校园文化活动是心理健康教育的重要途径之一。高校可以通过举办心理健康主题的讲座、研讨会、文化节等活动，营造关注心理健康的校园氛围。这些活动不仅可以普及心理健康知识，提高学生的心理健康意识，还能为学生提供展示自我、交流互动的平台，增强学生的归属感和自信心。校园文化活动还可以融入心理健康元素，如心理剧表演、心理电影展映等，让学生在轻松愉快的氛围中接受心理健康教育。

（二）社会实践活动

社会实践活动是促进学生心理健康发展的重要途径。高校可以组织学生参与心理健康相关的社会调查、志愿服务、实习实训等活动，让学生在实际工作中了解社会、认识自我，提高心理素质和应对能力。社会实践活动还可以帮助学生建立社会支持系统，增强社会适应能力和抗挫折能力。通过社会实践活动的参与，学生可以更加明确自己的职业规划和人生目标，为未来的发展打下坚实基础。

（三）网络心理健康教育平台

网络心理健康教育平台是适应信息时代发展需求的新兴教育途径。高校可以利用互联网技术，搭建心理健康教育在线课程、心理咨询热线、心理测评系统等平台，为学生提供便捷、高效的心理健康教育服务。这些平台可以突破时空限制，实现心理健康教育的全覆盖和个性化服务。同时，网络心理健康教育平台还可以通过大数据分析等技术手段，对学生的心理状况进行实时监测和预警，为心理健康教育工作提供科学依据和决策支持。

在拓展教育途径时，需要注意以下几点：首先，要确保教育活动的趣味性和互动性，吸引学生的注意力；其次，要注重活动的针对性和实效性，确保教育目标得以实现；最后，要加强与教育部门、专业机构的合作与联动，形成教育合力。

三、教育资源整合与利用

（一）校内资源整合

高校拥有丰富的教育资源，包括专业的师资队伍、完善的教育设施、多样的学生组织、网络心理健康平台等。在心理健康教育工作中，应充分利用这些校内资源，形成教育合力。具体来说，可以建立心理健康教育中心，整合心理学、教育学、医学等相关学科的专业教师，为学生提供专业的心理健康服务；利用学校心理咨询室、心理辅导站、网络心理健康平台等设施，为学生提供心理咨询和辅导服务；还可以发挥学生组织的作用，通过心理社团、心理委员等学生骨干力量，开展心理健康宣传教育活动。

（二）社会资源引入

除了校内资源外，高校还可以积极引入社会资源，拓展心理健康教育的广度和深度。可以与专业的心理咨询机构、心理健康研究中心等建立合作关系，引入专业的心理咨询师和心理健康专家，为学生提供更加专业的心理健康服

务；可以与社区、企业等合作，开展心理健康实践活动，让学生在实践中了解社会、锻炼心理素质。

（三）家校合作共建

家庭是学生成长的重要环境之一，对学生的心理健康有着重要影响。因此，高校应积极与家长合作，共同推进学生的心理健康教育。可以通过家长会、家访等形式，加强与家长的沟通和联系，了解学生的心理状况和需求；可以向家长普及心理健康知识，提高家长的心理健康意识和教育能力；还可以建立家校互动平台，为家长提供心理健康教育指导和支持。

在资源整合与利用的过程中，需要注意以下几点：首先，要确保资源的优化配置和高效利用，避免资源的浪费和重复建设；其次，要注重资源的共享和开放，打破部门间的壁垒和限制；最后，要加强与教育部门、专业机构的合作与联动，形成资源整合的强大合力。

通过资源整合与利用，可以构建一个全方位、立体化的高校学生心理健康教育支持体系，为学生的心理健康提供强有力的保障和支持。

第六章

高校学生职业生涯规划与就业指导

在快速发展变化的社会背景下，高校学生的职业生涯规划与就业指导显得尤为重要。这不仅关系到学生个人的未来发展，也影响到社会的整体人才布局。深入探讨高校学生职业生涯规划的概念、意义、方法与步骤，同时分析当前就业指导的现状与问题，并提出相应的策略与方法。通过这些内容的探讨，期望能帮助高校学生更加清晰地认识自我、了解职业世界，从而做出明智的职业选择和规划，实现个人价值与社会价值的最大化。

第一节 高校学生职业生涯规划的概念和意义

在当下这个快速变化的时代，职业生涯规划对于每一个高校学生来说都显得尤为重要。其不仅是对未来职业路径的简单设想，更是一个系统性、全面性的思考和行动过程。通过职业生涯规划，学生能够更好地认识自我、探索职业世界，从而做出与自身兴趣、能力和价值观相匹配的职业选择。不仅有助于学生的个人成长和职业发展，也对社会的进步和繁荣具有积极意义。对于高校学生而言，及早进行职业生涯规划，无疑是走向成功的重要一步。

一、职业生涯规划的定义

职业生涯规划，是指个人在全面了解自身的基础上，结合时代背景和社会需求，对自己的职业目标、发展路径及所需能力进行系统性的计划和安排。不仅包括了对未来职业的具体设想，也涵盖了对自身职业发展过程中的学习、培训、实践等各个环节的规划和准备。对于高校学生而言，职业生涯规划是其在校期间的重要任务之一，有助于其更好地从校园过渡到职场，实现个人社会价值。

二、高校学生职业生涯规划的重要性

1. 明确职业方向

对于许多高校学生而言，他们可能对未来的职业道路感到迷茫或不确定。职业生涯规划的首要重要性就是帮助学生明确自己的职业方向。通过深入探索学生的兴趣、能力和价值观，职业生涯规划可以为学生提供一个清晰的指南，使学生能够基于自身特点选择最适合自己的职业方向。这种明确性有助于减少学生在职业选择时的盲目性和随意性，使他们更加自信和有目标地追求自己的职业梦想。

2. 提升职业竞争力

在当今竞争激烈的就业市场中，学生需要具备强大的职业竞争力才能脱颖而出。通过系统的职业生涯规划，学生可以更深入地了解岗位需求，从而有针对性地提升自己的职业技能和素养。这包括增强实际操作能力、提高沟通协作能力、培养创新思维等。同时，通过参与实习、项目等实践活动，学生可以积累宝贵的实际经验，增强自己的竞争力，为未来的求职做好充分准备。

3. 促进个人成长

促进个人成长是职业生涯规划的核心目标之一。通过规划，学生不仅关注职业目标的实现，更重视个人在职业发展过程中的全面成长。

（1）自我认知。职业生涯规划的首要步骤是帮助学生深入了解自己的优势、不足、价值观、兴趣和性格特点。这种自我认知的过程有助于学生明确自己的职业定位和发展方向。

（2）能力提升。在了解自己的基础上，学生可以识别出自己在职业发展方面需要提升的能力和素质。这些能力可能包括专业技能、沟通技巧、团队协作能力、领导力等。学生可以根据自己的职业目标和发展需求，制订个性化的学习计划，有针对性地提升这些能力。

（3）个性化发展计划。基于自我认知和能力提升的需求，学生可以制订一个个性化的学习和发展计划。这个计划不仅包括专业技能的学习，也包括个人品质和软实力的提升。通过学习和实践，学生可以逐步完善自我，实现个人成长。

（4）终身学习。职业生涯规划鼓励学生培养终身学习的理念。随着社会和行业的不断变化，学生需要不断地更新知识和技能，以适应职业发展的需求。通过职业生涯规划，学生可以建立起自我驱动的学习机制，持续地追求个人成长和发展。

（5）个人价值最大化。通过职业生涯规划，学生不仅能够在职业上取得成功，还能够实现个人价值的最大化。个人价值的最大化意味着学生能够充分发挥自己的潜能，实现自己的梦想和抱负。通过不断地个人成长和完善，学生可以找到自己的人生使命和目标，为社会做出更大的贡献。

总之，促进个人成长是职业生涯规划的重要目标之一。通过自我认知、能力提升和个人价值最大化的实现，学生可以在职业生涯中实现全面发展和成功。

4. 增强职业适应性

增强职业适应性是职业生涯规划的重要目标之一，尤其在当今社会，职业环境不断变化，具备强大的职业适应能力对学生来说至关重要。

（1）灵活性和开放性。职业生涯规划鼓励学生培养灵活和开放的思维方式。职场环境变化多端，学生需要具备快速适应新环境、新挑战和新机遇的能力。通过职业生涯规划，学生可以逐渐培养起这种灵活性和开放性，使自己更好地适应职业环境的变化。

（2）自我调整和更新。随着职业环境的变化，学生需要不断地调整和完善自己的职业规划。通过职业生涯规划，学生可以学会如何根据外部环境的变化和自己的发展需求，适时地调整职业目标和发展路径。这种自我调整和更新的能力有助于学生在职场中保持竞争力。

（3）抓住机遇与应对挑战。职业适应性的一个重要方面是能够抓住机遇并应对挑战。通过职业生涯规划，学生可以增强对职场变化的敏感度，及时发现并抓住有利于个人发展的机遇。同时，当面对挑战时，学生可以运用自己的能力找到有效的应对策略，确保自己的职业发展不受阻碍。

（4）延长职业寿命。随着工作年限的增长，职业发展往往会遇到瓶颈。通过增强职业适应性，学生可以延长自己的职业寿命，实现更加稳定的职业发展。通过不断学习和成长，学生可以克服职场中的困难和挑战，保持持续的职业发展动力。

（5）增强职业竞争力。具备强大的职业适应性意味着学生在职场中能够更好地应对各种情况。这不仅可以提高工作效率和质量，还可以增强学生的职业竞争力。在激烈的职场竞争中，适应能力强的学生往往更容易获得更好的工作机会和晋升空间。

总之，增强职业适应性是职业生涯规划的重要目标之一。通过培养学生的灵活性和开放性、自我调整和更新的能力、抓住机遇与应对挑战的智慧以及延长职业寿命的策略，职业生涯规划可以帮助学生在不断变化的职场环境中取得更加稳定和成功的职业发展。

综上所述，高校学生职业生涯规划对于明确职业方向、提升职业竞争力、促进个人成长和增强职业适应性都具有重要意义。因此，高校应重视职业生涯规划教育，为学生提供专业的指导和支持，帮助他们顺利走向职场并实现自己的职业目标。

三、规划与个人发展的关联

1. 自我认知的深化

自我认知的深化是职业生涯规划的基础，也是个人成长的关键。通过深入了解自己的兴趣、价值观、技能和性格特点，学生能够更好地定位自己的职业方向和发展潜力。

兴趣探索。引导学生探索自己的兴趣爱好，了解自己的激情所在。通过了解自己的兴趣，学生可以找到与自己兴趣相匹配的职业方向，增强对工作的投入和满意度。

价值观明确。帮助学生明确自己的价值观，即对自己而言重要的事物。了解自己的价值观有助于学生在职业选择上做出符合内心期望的决定，避免在工作中产生价值观冲突。

技能识别。通过分析自己的技能和特长，学生可以明确自己在哪些方面具有优势。这将有助于学生在职业规划中发挥自己的长处，提高在职场上的竞争力。

性格特点分析。了解自己的性格特点，例如，内向或外向，细心或粗心等。这些性格特点将影响学生在职场上的表现和与他人的互动方式。通过分析自己的性格特点，学生可以更好地适应工作环境和团队文化。

长处与短处认知。帮助学生认识到自己的长处和短处，并学会如何发挥长处、改进短处。这种自我认知有助于学生在职业规划中制定更加实际和可行的目标，同时也能够提升个人发展的动力和信心。

明确职业倾向与发展潜力。基于自我认知的结果，学生可以明确自己的职业倾向和发展潜力。这将有助于学生在选择职业时更加明智和准确，避免盲目跟风或选择不适合自己的职业。

通过自我认知的深化，学生不仅能够更好地选择适合自己的职业，还能够更加清晰地规划个人发展路径。这种自我认知的过程也有助于培养学生的自信心和自我意识，促进个人的全面成长。

2. 目标导向的行动

目标导向的行动是实现职业生涯规划目标的关键步骤。通过明确的目标，学生能够更有针对性地展开行动，提高学习效率和实践效果。

目标设定。引导学生根据自我认知的结果，设立明确的职业目标。这些目标应该是具体、可衡量和具有挑战性的，以激发学生的动力去实现它们。

行动计划。为了实现职业目标，学生需要制订详细的行动计划。这包括选择有助于实现目标的课程、参加相关活动、寻找实践机会等。通过制订行动计划，学生能够更有针对性地进行学习和实践。

学习效率提高。目标导向的行动有助于提高学生的学习效率。当学生有了明确的职业目标，他们会更有针对性地学习相关知识，避免浪费时间和精力。他们会更加专注与目标相关的课程和活动，从而提高学习效果。

实践效果强化。通过实践是检验理论的最佳方式，也是提高学生职业技能的重要途径。目标导向的行动会使学生更加注重实践，通过实际操作提高自己的技能水平。他们会主动寻找与职业目标相关的实践机会，从而更好地为未来职业生涯打下坚实的基础。

实效性评估。为了确保行动的有效性，学生需要定期评估自己的进展情况。通过与职业目标的对比，学生可以发现自己的不足之处，并及时调整行动计划。这种实效性评估有助于学生更好地实现职业目标，提高个人发展的实效性。

选择有助于实现目标的资源。学生需要学会选择对自己实现职业目标有帮助的资源，如课程、导师、实习机会等。这种选择能力也是职业生涯规划中非常重要的一部分，它有助于学生在有限的资源中获得最大的收益。

目标导向的行动是职业生涯规划中的关键环节。通过明确的目标和行动计划，学生能够更有针对性地进行学习和实践，提高学习效率和实践效果。这种目标导向的行动也有助于培养学生的计划性和执行力，为未来的职业生涯打下坚实的基础。

3. 持续学习与成长

持续学习与成长是职业生涯规划的核心要素之一。随着个人经验的积累和

职业环境的变化，学生需要不断地调整自己的规划，并保持持续学习和成长的动力。

持续学习。职业生涯规划鼓励学生培养终身学习的理念。在快速变化的职业环境中，学生需要不断更新自己的知识和技能，以适应不断变化的职业需求。通过持续学习，学生可以不断提升自己的职业竞争力，为未来的职业发展打下坚实的基础。

个人成长。持续学习与成长的过程不仅包括知识和技能的积累，还包括个人品质和素养的提升。学生可以在职业生涯规划的过程中，逐渐明确自己的价值观和发展目标，不断提升自己的自信心和领导力等软实力。这种个人成长有助于学生在职场中更好地发挥自己的潜力。

经验积累。通过实践经验的积累，学生可以更好地了解职业环境的变化趋势和职场规则。经验积累有助于学生更好地应对挑战和机遇，及时调整自己的职业规划和发展路径。

适应变化。职业环境的变化是不可避免的，学生需要具备适应变化的能力。通过持续学习和成长，学生可以培养起灵活的思维方式和应变能力，更好地适应职业环境的变化。

竞争力提升。持续学习与成长有助于提升学生的职业竞争力。通过不断更新知识和技能，学生可以具备更强的解决问题的能力，提高工作效率和质量。同时，个人品质和素养的提升也会增强学生在职场中的软实力。

未来准备。职业生涯规划的目标不仅是帮助学生找到当前的职业定位，更重要的是为未来的职业发展做好准备。持续学习与成长的过程会使学生具备持续发展的动力和能力，为未来的职业发展打下坚实的基础。

持续学习与成长是职业生涯规划中至关重要的一环。通过不断地调整自己的规划、积累经验、适应变化和提升竞争力，学生能够更好地应对未来的职业挑战，实现更加稳定和成功的职业发展。

4．个人价值的实现

个人价值的实现是职业生涯规划的最终目标。通过规划，学生不仅找到适合自己的职业，还能在工作中充分发挥自己的优势和潜能，实现自我价值的最大化。以下是对这一目标的详细解释。

价值观与职业匹配。职业生涯规划帮助学生找到与自己价值观相匹配的职业。当个人的价值观与职业价值观一致时，学生更容易在工作中获得满足感和成就感，从而更好地实现个人价值。

优势与潜能发挥。每个学生都有自己的优势和潜能。通过职业生涯规划，学生能够发现并发挥自己的优势，同时激发自己的潜能。在适合自己的岗位上，学生能够取得更好的成绩和表现，进一步实现个人价值。

成就感和满足感。当学生在工作中取得成就时，会感受到成就感和满足感。这种积极的反馈会进一步激励学生努力工作，追求更高的目标。通过职业生涯规划，学生能够更好地认识自己的职业目标和追求，从而在工作中获得更多的成就感和满足感。

个人价值最大化。职业生涯规划的目标是实现个人价值的最大化。通过找到适合自己的职业、发挥优势和潜能、追求成就感和满足感，学生能够更好地实现自己的职业目标和发展潜力，使个人价值得到最大化的发挥。

原则和底线保持。在职业生涯规划的过程中，学生需要明确自己的原则和底线。在选择职业和面对工作挑战时，他们能够坚守自己的价值观和道德标准，不被短期利益或外界压力所左右。这种对原则和底线的保持有助于学生更好地实现个人价值，并在职场中获得他人的尊重和信任。

总之，人价值的实现在职业生涯规划中占据着核心地位。通过职业生涯规划，学生能够找到适合自己的职业、发挥优势和潜能、实现自我价值的最大化。同时，对原则和底线的保持也使学生在职场中获得更多的尊重和信任。

5. 增强应对变化的能力

增强应对变化的能力是职业生涯规划中不可或缺的一部分。在快速变化的职场环境中，学生需要具备预测和应对变化的能力，以保持竞争力并实现持续的职业发展。

预测变化。学生需要具备对未来职场变化的敏感度和预测能力。通过关注行业动态、市场趋势和新兴技术，学生可以预测未来可能出现的机遇和挑战，为应对变化做好准备。

制定灵活目标。为了应对变化，学生需要设定灵活的职业目标。这意味着目标不仅要有一定的可调整性，还要根据环境变化进行适时的调整。通过制定灵活的目标，学生能够更好地适应职场环境的变化，抓住新的机遇。

制定备选方案。预测职场变化并不仅是为了应对已经发生的变化，更重要的是为未来的变化做好准备。学生需要制定备选方案，以便在原有计划受阻或发生变化时能够迅速调整策略，继续追求自己的职业目标。

增强适应能力。适应能力是应对职场变化的关键。通过职业生涯规划，学生可以培养自己的适应能力，包括灵活的思维方式、快速学习的能力和解决问题的能力等。这些能力有助于学生在面对变化时迅速调整自己的状态，适应新的环境。

抓住机遇。职场变化往往伴随着新的机遇。具备应对变化的能力意味着学生能够及时发现并抓住这些机遇。通过灵活的目标和备选方案，学生可以迅速采取行动，利用变化带来的优势，实现职业发展的突破。

应对挑战。应对变化也包括应对挑战。在面对职场中的挑战时，学生需要具备解决问题的能力、自我调节能力和抗压能力等。通过职业生涯规划，学生可以培养这些能力，更好地应对挑战，克服困难。

总之，增强应对变化的能力是职业生涯规划中的重要一环。通过预测变化、制定灵活目标和备选方案、培养适应能力、抓住机遇和应对挑战，学生能够更好地应对职场环境的变化，实现持续的职业发展。

6. 培养决策能力

培养决策能力是职业生涯规划中的重要目标之一。通过理性思考、批判性分析和果断行动，学生能够提高自己的决策能力，更好地应对职业发展中的挑战和机遇。同时，这种能力也可以应用到生活中的其他方面，为学生未来的发展打下坚实的基础。

理性思考。在职业生涯规划中，学生需要学会理性思考。这意味着他们需要收集和分析信息，了解各种可能性和风险，并权衡利弊。通过理性思考，学生能够更好地理解问题，做出明智的决策。

批判性分析。批判性分析是职业生涯规划中不可或缺的思维方式。学生需要学会对信息进行评估和判断，识别出哪些是有价值的，哪些是不确定的或不可靠的。通过批判性分析，学生能够更好地评估各种决策的优缺点，从而做出更明智的决策。决策能力不仅在职业生涯规划中很重要，在生活中的其他方面也同样重要。例如，财务管理、人际关系、人生规划等方面都需要用到决策能力。通过在职业生涯规划中培养决策能力，学生能够更好地应对生活中的各种挑战和机遇。

提高决策效率和质量。通过反复的练习和实践，学生的决策能力可以得到提高。他们可以更快地做出决策，同时提高决策的质量。这有助于学生在职业发展过程中更好地适应环境变化，抓住机遇并应对挑战。

综上所述，职业生涯规划对于学生的个人发展具有深远影响。它不仅能帮助学生明确职业方向，实现个人价值，还能增强他们的适应能力和决策能力，为未来的生活和职业发展打下坚实的基础。因此，学校和教育机构应重视职业生涯规划的教育和指导，为学生的终身学习和成功奠定基础。

第二节 高校学生职业生涯规划的方法与步骤

在复杂多变的现代社会中，高校学生如何为自己的未来描绘一幅清晰的职业蓝图？答案就在于系统、科学的职业生涯规划。这不仅是对未来的一种设想，更是基于深入了解自我、探索职业世界后所作出的一系列理性决策。本书通过详细介绍这些方法与步骤，帮助高校学生为自己的职业生涯开启一个崭新的篇章。

一、自我认知与定位

（一）兴趣爱好分析

兴趣是职业生涯中不可或缺的动力源泉。对于高校学生而言，深入了解

自己的兴趣爱好，可以为未来的职业选择提供有力的指引。首先，学生可以通过思考自己对某些活动或事物的持续喜好和投入，来识别自己的兴趣所在。例如，喜欢阅读、写作可能暗示着对文学或传媒行业的兴趣；热爱户外活动和运动则可能指向体育或旅游领域。同时，积极参与各类社团、实践活动和志愿服务，也是发现自身兴趣的有效途径。通过这些经历，学生可以观察自己在哪些活动中感到兴奋和有成就感，从而更准确地把握自己的职业发展方向。

（二）技能与能力评估

技能和能力是实现职业目标的重要基础。在进行职业生涯规划时，学生需要对自己所具备的技能和能力进行全面的评估。这包括专业知识、沟通协作能力、领导力、创新思维等多个方面。通过课程学习、实习实践、项目参与等方式，学生可以不断积累和提升自己的技能和能力。同时，积极参与竞赛、挑战自己等方式，也有助于发现和挖掘潜在的能力。在评估过程中，学生还需要诚实地面对自己的不足和弱点，并思考如何通过学习和实践来改进和提升。

（三）价值观澄清

价值观是决定职业满足感和幸福感的关键因素。每个人的价值观都独特且多样，其涉及对人生意义、道德标准、个人成就等方面的看法和态度。对于高校学生而言，澄清自己的价值观是职业生涯规划中不可或缺的一步。这可以通过反思自己的生活经历和成长过程来实现，例如思考自己在过去的学习和生活中所重视的方面，以及在面对困难和挑战时所坚持的信念和原则。同时，与身边的朋友、家人或导师交流，听取其观点和看法，也有助于更全面地认识自己的价值观。一旦明确了自己的价值观，学生就可以更好地选择与之相符的职业和工作环境，从而在职业生涯中实现自我。

二、职业探索与了解

（一）行业趋势分析

了解行业趋势是职业探索的第一步，其有助于学生把握未来职业发展的方向和机会。学生可以通过阅读行业报告、参加相关讲座和研讨会、关注行业新闻和动态等方式，及时获取行业发展的最新信息。例如，关注新兴技术的发展和应用，了解国家政策对行业的影响，以及观察行业内的竞争态势等。通过对这些信息的分析，学生可以判断哪些行业正处于上升期，哪些行业可能面临挑战，从而为自己的职业选择提供决策依据。

（二）职业类型研究

职业类型多种多样，每种职业都有其独特的工作内容和要求。学生可以通过查阅职业分类大典、浏览招聘网站、与职场人士交流等途径，了解不同职业的特点和要求。例如，研究各类职业的岗位职责、任职资格、薪资水平、发展前景等方面，有助于学生对各种职业有更全面、深入的认识。学生还可以关注一些新兴的、具有发展潜力的职业类型，如数据分析师、新媒体运营等，为自己的职业规划提供更多的可能性。

（三）工作内容深入了解

仅仅了解职业的表面信息是不够的，学生还需要深入探索各种职业的实际工作内容。这可以通过实习、兼职、志愿服务等方式实现。通过这些实践经历，学生可以亲身体验某种职业的日常工作流程、工作环境、工作压力等方面，从而更准确地判断自己是否适合从事该职业。与从事目标职业的职场人士进行深入交流，也是了解工作内容的有效途径，他们可以通过分享自己的工作经验和心得，为学生提供宝贵的参考和建议。

总的来说，职业探索是一个持续不断的过程。学生需要保持敏锐的洞察力和开放的心态，不断关注行业动态和职业变化，以便及时调整自己的职业规

划。同时，通过实践经历和与职场人士的交流，学生可以更深入地了解各种职业的实际工作内容和要求，为自己的职业选择提供更加全面和准确的信息支持。

三、目标设定与路径选择

（一）短期与长期目标设定

在职业生涯规划中，设定明确的目标是至关重要的。短期目标通常指的是在近期内可以实现的具体里程碑，如完成某项课程学习、获得某个证书或找到一份实习工作等。这些目标有助于学生保持动力，逐步实现自己的职业愿景。长期目标则更加宏大，可能涉及未来的职业成就、社会地位或个人发展等方面。例如，成为一名行业内有影响力的专家、创建自己的公司或实现社会影响等。设定长期目标可以为学生提供方向感，引导其持续努力，不断突破自我。

（二）可行性路径分析

在设定了目标之后，学生需要仔细分析实现这些目标的可行路径。这包括了解所需的教育背景、技能培训、实习经验等方面的要求，并评估自己当前所处的位置和拥有的资源。通过分析各种可能的路径，学生可以找出最适合自己的发展道路，并制订相应的行动计划。同时，其还需要考虑可能遇到的挑战和障碍，并思考应对策略。这样，即使面临困难和变化，学生也能保持灵活和坚韧，不断调整自己朝着目标前进。

（三）备选方案考虑

职业生涯规划并非一成不变，随着个人经验的增长和外部环境的变化，原本设定的目标和路径可能需要进行调整。因此，学生在制订职业规划时，也应考虑一些备选方案。这些方案可以是与原定目标相关的其他职业领域，也可以是全新的职业方向。通过了解不同职业领域的发展前景和自身潜力的挖掘，学生可以为自己创造更多的选择机会。

四、计划制订与执行

（一）时间表安排

时间管理是实现职业生涯规划的关键要素。制订明确的时间表有助于学生合理安排学习和活动，确保自己按照预定的进度逐步实现职业目标。在制订时间表时，学生需要考虑每个阶段的任务和目标，并根据优先级进行合理的排序。同时，设定明确的时间节点和里程碑，以便及时评估自己的进度并作出调整。通过合理的时间表安排，学生可以保持高效的学习状态，并有效地平衡学业、实践和个人发展。

（二）资源获取与整合

在进行职业生涯规划的过程中，学生需要积极获取和整合各种资源，以支持自己的职业发展。学生可以通过参加校内外的培训课程、申请实习项目、寻求导师的建议和指导等方式，不断提升自己的能力和竞争力。同时，积极参与社交活动和职业组织，建立良好的人际关系网络，也有助于获取更多的职业信息和机会。通过有效地获取和整合这些资源，学生可以更好地应对职业发展的挑战和机遇。

（三）行动计划启动

学生需要将职业生涯规划转化为具体的行动计划，并坚定地执行。这包括制订详细的学习计划、参与实践活动、寻求职业发展咨询等。在执行行动计划的过程中，学生需要保持自律和毅力，克服各种困难和挑战。同时，也需要保持灵活和开放的心态，根据实际情况不断调整和优化自己的计划。通过坚定的行动和持续的努力，学生可以逐步实现自己的职业目标，并不断提升自己的职业竞争力。

五、评估与调整

（一）进度监测

在职业生涯规划的执行过程中，持续监测进度是至关重要的。学生需要定期回顾自己的行动计划和目标，评估自己是否按照预定的时间表和路径前进。其可以通过制定明确的评估标准，如完成某项任务的时间、达到的阶段性目标等，来衡量自己的进度。同时，保持记录并跟踪自己的学习和实践成果，有助于更直观地了解自己的发展情况。通过进度监测，学生可以及时发现问题和差距，并采取相应的措施进行调整。

（二）问题识别与解决

在职业生涯规划的实施过程中，学生可能会遇到各种挑战和问题。这些问题可能涉及学习困难、实践机会不足、职业信息匮乏等方面。学生需要积极面对这些问题，并及时采取有效的措施加以解决。其可以向导师、同学或职业咨询师寻求帮助和建议，或者通过参加培训课程、拓展人际关系网络等方式来寻找解决方案。重要的是，学生需要保持积极的心态和解决问题的决心，不断学习和成长，以克服职业生涯中的障碍。

（三）规划调整与完善

职业生涯规划是一个动态的过程，随着个人和外部环境的变化，原有的规划可能需要进行调整和完善。学生需要保持开放的心态，灵活应对变化，并根据实际情况对规划进行相应的调整。这可能涉及重新设定目标、调整实现路径、更新时间表等方面。同时，学生也需要不断反思自己的职业规划过程，总结经验教训，以便在未来的职业发展中更加成熟和自信。通过规划调整与完善，学生可以确保自己的职业生涯规划保持与现实需求的同步，并实现个人职业发展的持续优化。

第三节 高校学生就业指导的现状与问题

在当下社会，高校学生的就业问题日益受到广泛关注。随着高校扩招带来的毕业生人数增加和就业市场竞争的加剧，如何有效地对学生进行就业指导，帮助其顺利实现从学校到职场的过渡，成为高校面临的重要课题。然而，当前高校学生就业指导工作仍存在诸多问题和挑战，亟待改进和完善。本节将对高校学生就业指导的现状进行概述，并深入探讨其中存在的问题与挑战，以期为相关工作的改进提供参考和借鉴。

一、当前就业指导的现状概述

（一）指导内容与形式

1. 指导内容

当前的高校就业指导内容主要集中在职业规划、简历制作、面试技巧、职场礼仪等方面。这些内容通常通过讲座、工作坊或在线课程的形式进行传授，旨在帮助学生了解就业市场，提升求职技能，以及培养良好的职业素养。

2. 指导形式

就业指导的形式日益多样化，除了传统的面对面咨询和讲座外，还包括线上课程、模拟面试、企业参访等。这些形式不仅丰富了指导内容，也提高了学生的参与度和学习效果。特别是线上资源的利用，使得学生可以随时随地获取所需的就业信息和指导。

（二）参与人员与机构

1. 参与人员

就业指导的参与人员主要包括高校的职业指导中心老师、企业人力资源专家、校友等。其通过分享自己的经验和专业知识，为学生提供有针对性的指导和建议。

2. 参与机构

高校的职业指导中心是提供就业指导服务的主要机构，负责制定和执行就业指导计划，协调各方资源。此外，一些企业和社会组织也会与高校合作，共同为学生提供实践机会和就业指导服务。

二、存在问题

（一）信息不对称问题

在高校学生就业指导中，信息不对称是一个普遍存在的问题。一方面，学生对于就业市场的真实需求和趋势往往缺乏全面的了解，难以做出准确的职业规划和决策。另一方面，企业对于高校学生的能力和潜力也缺乏充分的认知，导致招聘过程中存在一定的盲目性。这种信息的不对称不仅影响了学生的求职效果，也制约了企业的招聘效率。

（二）指导服务不足问题

尽管高校普遍设立了职业指导中心，但在实际操作中，很多学生反映得到的指导服务并不充分。这主要表现在以下几个方面：一是指导内容缺乏深度和广度，难以满足学生多样化的需求；二是指导形式单一，缺乏互动和实践性，导致学生难以真正吸收和掌握所学知识；三是指导人员数量不足，专业水平参差不齐，无法为学生提供个性化、高质量的指导服务。

（三）学生参与度低问题

学生参与度低是就业指导工作面临的又一挑战。许多学生对于就业指导的重要性和必要性认识不足，缺乏主动参与的意愿和动力。此外，一些学生过于依赖学校提供的就业指导服务，忽视了自身在职业规划和发展中的主体责任，导致指导效果大打折扣。

（四）效果评估缺失问题

当前的高校学生就业指导工作普遍缺乏有效的效果评估机制。一方面，由于缺乏明确的评估指标和标准，难以对指导服务的实际效果进行客观、准确的衡量；另一方面，评估结果的反馈和应用不足，无法为指导服务的改进和完善提供有力支持。

第四节 高校学生就业指导的策略与方法

在当前社会经济形势下，高校学生就业指导工作显得尤为重要。面对日益激烈的就业竞争和不断变化的市场需求，如何为学生提供更加有效、个性化的就业指导，成为高校亟待解决的问题。

一、完善指导体系与内容

（一）全程化指导服务构建

全程化指导服务体系的构建，强调在学生整个大学期间，从入学到毕业，提供持续、连贯的就业指导服务。全程化指导服务体系的构建可以通过以下几个方面来实现。

1．入学阶段

在学生入学时，开展职业规划和就业指导的培训，帮助学生了解就业市场的需求和趋势，明确自己的职业目标。同时，提供就业信息平台，让学生及时了解到就业市场的动态。

2．学习阶段

在学生学习期间，定期组织就业指导讲座、职业规划辅导等活动，帮助学生了解自己所学专业的就业前景和发展方向。同时，提供实习机会和校企合作项目，让学生有机会接触实际工作环境，提升自身的职业能力。

3．毕业前阶段

在学生即将毕业时，组织就业指导的集中培训和咨询活动，帮助学生准备求职材料、面试技巧等。同时，与企业建立合作关系，为学生提供就业机会和推荐信等支持。

4．毕业后阶段

在学生毕业后，继续提供就业跟踪服务，了解学生的就业情况和职业发展。同时，建立校友网络，为毕业生提供职业交流和合作的机会。

（二）个性化指导方案制定

个性化指导方案的制定，旨在针对不同学生的特点和需求，提供定制化的就业指导服务。具体措施包括。

1．个体评估与诊断

在进行职业生涯规划时，个体评估与诊断是一个非常重要的环节。通过这种方式，可以更全面地了解一个人的性格、兴趣、能力以及职业倾向和发展潜力。这不仅有助于确定适合个人的职业方向，还有助于制定切实可行的职业发展计划。个体评估与诊断的方法包括但不限于以下几个方面。

职业测评。通过专业的职业测评工具，如MBTI、霍兰德职业兴趣量表等，可以了解个人的性格特点、职业倾向以及价值观等方面的信息。这些信息有助于学生更清晰地认识自己，从而在职业规划时做出更符合自身特点的选择。

心理咨询。心理咨询师可以通过专业的心理测评和咨询技术，帮助学生更深入地了解自己的内心世界，发掘潜力和优势，同时也可以发现可能存在的心理障碍或问题，为后续的职业规划和心理辅导提供依据。

技能评估。通过评估个人技能水平，如学术能力、语言能力、沟通协作能力、解决问题的能力等，可以确定个人在哪些领域可能具有更强的竞争力。

经验总结。引导学生回顾自己的学习和工作经历，从中总结出个人的优势和不足，以及在哪些方面可能有所成长。这种自我反思和总结有助于更清晰地认识自己的能力和潜力。

反馈与指导。根据评估和诊断的结果，为学生提供针对性的反馈和建议，指导其如何更好地发挥自己的优势、弥补不足，以及如何制定和调整职业规划和发展计划。

2．一对一咨询与辅导

在高校学生就业指导中，一对一咨询与辅导是一种非常有效的服务方式。通过为学生提供一对一的职业咨询和辅导服务，可以更好地满足学生的个性化需求，解决他们在职业规划和求职过程中遇到的具体问题和困惑。

（1）一对一咨询与辅导的优势。

个性化服务。由于每位学生的背景、兴趣和能力不同，一对一咨询与辅导可以更好地满足他们的个性化需求。咨询师可以根据学生的具体情况，提供针对性的建议和解决方案。

深度交流与指导。通过一对一的咨询与辅导，学生可以与咨询师进行深入的交流和讨论，分享自己的困惑和问题。咨询师可以根据学生的需求，提供专业的指导和建议，帮助他们更好地规划自己的职业发展。

及时解决问题。在一对一咨询与辅导的过程中，学生可以随时提出自己的问题和困惑，咨询师会及时给予解答和建议。这种及时互动的方式有助于学生更快地解决问题，提高职业规划的效率。

促进自我探索。一对一咨询与辅导不仅提供外部指导，还可以促进学生自我探索的积极性。咨询师可以引导学生深入思考自己的兴趣、价值观和职业倾

向，帮助他们更好地认识自己，明确职业发展方向。

增强学生信心。通过一对一的咨询与辅导，学生可以得到专业的肯定和建议，从而增强他们求职和职业发展的信心。这种信心在求职过程中非常重要，有助于学生更好地展现自己的能力和潜力。

（2）为了更好地实施一对一咨询与辅导服务，高校可以采取以下措施。

培训专业咨询师。高校应该培训专业的职业咨询师，确保他们具备丰富的职业规划知识和实践经验，能够为学生提供高质量的咨询与辅导服务。

设立职业咨询室。高校可以在校内设立专门的职业咨询室，为学生提供安全、私密的咨询环境。同时，也可以开设线上咨询平台，方便学生随时寻求帮助。

定期开展活动。高校可以定期开展职业规划讲座、工作坊和研讨会等活动，邀请行业专家和成功校友分享经验，为学生提供更多的学习和交流机会。

建立反馈机制。高校应该建立有效的反馈机制，鼓励学生提供对咨询与辅导服务的意见和建议，以便不断改进和提高服务质量。

整合资源。高校应该积极整合校内外资源，与企业、行业协会等建立合作关系，为学生提供更多的实习、培训和实践机会。

通过以上措施，高校可以更好地为学生提供一对一咨询与辅导服务，帮助他们顺利规划自己的职业发展，提高就业竞争力。

3．多元化指导形式与内容

根据学生的需求和兴趣，提供多元化的指导形式和内容，如讲座、工作坊、在线课程、实践项目等。同时，注重内容的更新和拓展，以满足学生不断变化的职业发展需求。

二、加强资源整合与合作

（一）校内外资源整合利用

1．校内资源挖掘

充分利用高校内部的职业指导中心、专业教师、校友等资源，为学生提供丰富的就业指导服务。例如，可以邀请专业教师开设职业发展相关课程，邀请校友分享职场经验和求职技巧。

2. 链接校外资源

在高校学生就业指导中，链接校外资源同样至关重要。与企业、行业协会、人才市场等外部机构建立合作关系，可以为学生提供更贴近实际需求的就业指导，帮助他们更好地适应市场需求和了解企业用人标准。

链接校外资源可以包括以下几个方面。

企业合作。高校可以与各类企业建立合作关系，邀请企业参与校园招聘活动，为学生提供实习和就业机会。同时，企业也可以通过与高校合作，共同开展课程设计、实践教学和科研项目等，进一步促进产学研的深度融合。

行业协会联系。行业协会通常对所在行业的人才需求、职业标准和趋势有深入的了解。通过与行业协会建立联系，高校可以获取最新的就业信息和市场动态，为学生提供更有针对性的职业规划建议。

人才市场动态。高校可以关注当地人才市场的动态，了解各类岗位的供求状况和招聘趋势。这样可以帮助学生在求职过程中更好地把握市场方向，提高求职的成功率。

企业人力资源专家讲座。邀请企业人力资源专家进校开展讲座或工作坊，可以让学生更直接地了解企业的招聘标准和流程。通过与人力资源专家的交流，学生可以获取关于简历筛选、面试技巧等方面的实用建议。

校友网络。建立和维护校友网络也是校外资源链接的重要方面。校友可以为学生提供就业信息和职业发展建议，同时也可以作为学生与企业联系的桥梁，帮助他们更好地融入社会和工作。

3. 线上线下资源整合

在高校学生就业指导中，结合现代信息技术手段，整合线上线下资源，可以为学生提供更加便捷和个性化的就业指导服务。通过打造线上线下相结合的就业指导服务平台，可以更好地满足学生多样化的需求，提高就业指导的效果。

（1）线上线下资源整合包括以下几个方面。

线上课程学习。利用在线教育平台，开设职业规划、求职技巧、行业动态等课程，方便学生随时随地学习。通过线上课程，学生可以系统地了解职业规划的方法和技巧，提高自身的职业素养和就业竞争力。

线下面对面咨询。提供线下面对面的职业咨询和辅导服务，包括一对一咨询、小组辅导等。通过与专业咨询师或辅导员的交流，学生可以获得个性化的职业规划建议和求职指导。

线上职业测评。利用在线测评工具，如性格测试、职业倾向测试等，帮助学生更深入地了解自己的性格、兴趣和职业倾向。通过职业测评的结果，学生可以更好地明确自己的职业发展方向。

线下招聘会与活动。举办线下招聘会、行业展览、企业参访等活动，为学生提供与企业和招聘人员面对面交流的机会。通过参加招聘会和活动，学生可以了解企业的招聘标准和流程，提高求职的成功率。

线上信息发布与交流。利用在线平台发布就业信息、行业动态和求职技巧等内容。学生可以通过在线社区、论坛等平台进行交流和学习，分享求职经验和职业规划心得。

（2）为了实现线上线下资源的有效整合，高校可以采取以下措施。

建设线上平台。开发或选用合适的在线教育平台和社交媒体工具，搭建就业指导服务的线上平台。

整合线上线下资源。结合线下面对面咨询、讲座、招聘会等活动和线上课程学习、职业测评、信息发布等服务，为学生提供全方位的就业指导服务。

技术支持与培训。提供必要的技术支持和培训，确保教师和学生能够充分利用线上平台的功能和资源。

建立反馈机制。鼓励学生提供对线上线下资源整合的意见和建议，及时调整和改进服务方式，提高服务质量。

加强宣传与推广。通过多种渠道宣传和推广线上线下资源整合的就业指导服务，提高教师和学生对其认知度和使用率。

通过线上线下资源整合，高校可以为学生提供更加便捷和个性化的就业指导服务，帮助他们顺利规划自己的职业发展。同时，有助于提高高校就业指导工作的效率和效果，更好地满足学生多样化的需求。

（二）多方参与合作模式探索

1. 政校企合作模式

政校企合作模式是一种创新的学生就业指导方式，通过政府、高校和企业的三方合作，共同推进学生就业指导工作。这种模式可以充分利用各方资源，为学生提供更加全面、高质量的就业指导服务。

（1）政府在政校企合作模式中可以发挥以下作用。

政策支持。政府可以制定相关政策，鼓励和引导企业参与高校学生就业指导工作。例如，可以出台税收优惠政策，激励企业提供实习岗位和职业发展机会。

资金保障。政府可以通过设立专项资金或提供财政补贴，支持高校开展就业指导工作。资金可以用于建设就业指导中心、购买设备、举办招聘活动等。

信息共享。政府可以整合各行业和企业的招聘信息，为高校提供及时、准确的人才需求信息。同时，政府也可以将高校的人才供给信息传递给企业，促进人才的有效配置。

合作桥梁。政府可以作为高校与企业之间的桥梁，协助双方建立合作关系，促进资源共享和互利共赢。

（2）高校在政校企合作模式中主要提供教育资源和参与学生管理服务。

教育资源整合。高校可以与企业合作，共同开发课程和教材，将企业的实际需求融入教学内容中。此外，高校还可以邀请企业人士到校授课或开展讲座，为学生提供更加贴近实际的职业指导。

学生管理服务。高校负责学生的日常管理，包括学籍管理、课程安排、成绩评定等。在政校企合作模式下，高校可以将企业的实习要求纳入学生培养计划，确保学生在校期间能够获得充足的实践经验。

（3）企业在政校企合作模式中主要提供实习岗位和职业发展机会。

实习岗位提供。企业可以根据自身需求，为高校学生提供实习岗位。学生通过实习可以获得实际工作经验，提高自己的职业技能和适应能力。

职业发展机会。企业可以为表现优秀的学生提供转正和职业发展的机会。通过与企业的合作，学生可以提前了解企业文化和招聘标准，为未来的求职做好准备。

为了实现政校企合作模式的成功运作，需要注意以下几点。

政府、高校和企业应该明确合作的目标和意义，确保三方在合作中能够发挥各自的优势，实现资源共享和互利共赢。

建立合作机制。政府、高校和企业应该共同商定合作的具体事项和实施方案，建立有效的合作机制。这包括合作方式、责任分工、沟通渠道等。

加强沟通与协作。政校企合作模式的成功运作需要政府、高校和企业之间的密切沟通和协作。各方应该定期交流意见和建议，共同解决合作中遇到的问题和挑战。

建立反馈机制。政校企合作模式应该建立有效的反馈机制，鼓励学生提供对合作项目的意见和建议。通过反馈机制，各方可以根据学生的需求和反馈不断改进和完善合作项目。

加强宣传与推广。政校企合作模式的成功运作需要加强宣传和推广工作。各方应该充分利用各种渠道宣传合作项目的优势和成果，提高社会对政校企合作模式的认知度和认可度。

通过政校企合作模式可以为学生提供更加全面、高质量的就业指导服务。同时，也有助于提高高校人才培养的质量和企业的竞争力。这种模式可以为政府、高校和企业创造更多的合作机会和共赢空间。

2. 校友参与模式

充分利用校友资源，邀请校友参与学生就业指导工作。校友可以分享自己的职场经验和求职技巧，为学生提供实用的指导和建议。同时，校友还可以为学生提供实习和就业机会的推荐和帮助。

3. 跨学科合作模式

跨学科合作模式是一种创新的学生就业指导方式，它鼓励学生跨学科合作与交流，共同提升就业竞争力。通过组织不同专业的学生参与跨学科项目或竞赛，可以培养他们的团队合作和创新能力。同时，邀请不同领域的专家进校开展讲座或工作坊，可以为学生提供多元化的知识和视野。

跨学科合作模式的具体实施方式包括但不限于以下几个方面。

跨学科项目或竞赛。组织不同专业的学生组成团队，共同参与跨学科项目或竞赛。这种项目可以涉及多个学科领域，鼓励学生发挥各自的专业知识和技能，通过团队合作来解决实际问题。这样可以培养学生的跨学科思维和团队合作能力，提高其就业竞争力。

讲座或工作坊。邀请不同领域的专家进校开展讲座或工作坊，与学生分享他们的专业知识和经验。这些专家可以来自各行各业，如科技、艺术、人文等，为学生提供多元化的知识和视野。通过与专家的交流和学习，学生可以拓宽自己的知识面，了解不同领域的发展趋势和职业机会。

课程共享。鼓励不同专业之间共享课程资源，开设跨学科课程。这些课程可以涉及多个学科领域，帮助学生掌握综合知识和技能，提高其综合素质。通过跨学科课程的学习，学生可以更好地理解不同学科之间的联系和共同点，培养自己的跨学科思维和创新能力。

为了实现跨学科合作模式的成功，需要注意以下几点。

明确合作目标。确定跨学科合作的目标和意义，确保各方在合作中能够发挥各自的优势，实现资源共享和互利共赢。

建立合作机制。与相关学院、专业和企业建立合作关系，共同商定合作的具体事项和实施方案，建立有效的合作机制。这包括合作方式、责任分工、沟通渠道等。

加强沟通与协作。鼓励不同专业之间加强沟通与协作，共同推进跨学科合作项目。定期交流意见和建议，共同解决合作中遇到的问题和挑战。

提供支持与保障。为学生提供必要的支持和保障，如导师指导、设备资源、资金支持等。确保学生能够顺利完成跨学科合作项目或课程学习。

建立反馈机制。鼓励学生提供对跨学科合作项目的意见和建议。通过反馈机制，各方可以根据学生的需求和反馈不断改进和完善合作项目。

加强宣传与推广。充分利用各种渠道宣传跨学科合作项目的优势和成果。提高社会对跨学科合作模式的认知度和认可度，吸引更多的学生和资源参与其中。

通过跨学科合作模式可以为学生提供更加全面、高质量的就业指导服务。同时，也有助于提高学生的综合素质和创新能力，为未来的职业发展打下坚实的基础。此外，这种模式还可以促进不同专业之间的交流与合作，推动高校的学科建设和教学改革。

（三）指导效果评估指标体系建立

1. 就业率与就业质量评估

就业率。统计一定时期内成功就业的学生人数占总学生人数的比例，反映就业指导工作的整体效果。

就业单位质量。评估学生就业的单位是否符合专业背景和发展前景，是否与学校的培养目标相符合。

薪资水平。了解学生的平均起薪、薪资待遇的满意度等，反映学生在劳动力市场上的竞争力。

通过这些指标，可以全面评估就业指导工作的整体效果，了解学生的就业情况，为后续工作提供改进方向。

2. 学生满意度调查

满意度评价。了解学生对就业指导服务的内容、形式、质量等方面的评价和反馈，用以衡量服务质量。

需求调查。了解学生对就业指导的需求和期望，帮助就业指导部门调整和优化服务内容。

通过定期开展学生满意度调查，可以及时发现存在的问题和不足，有针对性地改进服务内容和形式，提高服务质量。

3. 跟踪调查与反馈

职业发展情况。了解已毕业学生的职业发展轨迹，如晋升速度、岗位变动等。

服务评价。收集已毕业学生对学校提供的就业指导服务的评价和建议。

通过对已毕业学生进行跟踪调查和反馈，可以了解他们在实际工作中的应用能力和职业发展情况，进一步验证就业指导工作的效果，为后续改进提供参考。

4. 专家评审与社会评价

专家评审。邀请行业专家或教育专家对学校的就业指导工作进行专业评估和建议。

社会评价。收集用人单位对学生综合素质的评价和反馈，了解学生在职场中的表现。

通过专家评审和社会评价，可以从更专业的角度发现就业指导工作中存在的问题和不足，提出针对性的改进意见和建议，提高学校的就业指导水平和社会声誉。

第七章

高校学生管理信息化

高校学生管理信息化是利用现代信息技术和管理科学，对学生管理工作进行全方位、多层次、高效能的改革和创新。其目的是实现学生管理资源的优化配置，提高学生管理工作的效率和质量。

高校学生管理信息化通过建立学生信息管理系统，实现学生信息的集中管理和快速查询；利用数据挖掘、数据分析等技术，对学生的学习情况、行为习惯、心理健康等进行分析，为学校决策提供支持和个性化辅导服务提供依据；同时建立学生管理服务平台，提供学生在线选课、在线报名、在线缴费等服务，方便学生办理各项事务。

高校学生管理信息化，可以简化学生管理流程，减少人工操作，提高工作效率；同时为学生提供更加便捷、高效的服务，满足学生的多样化需求；推动高校教育的信息化进程，为教育改革提供有力支持；通过数据分析，为学校管理层提供决策支持，增强决策的科学性。

第一节　高校学生管理信息化的概念与意义

一、高校学生管理信息化的定义

高校学生管理信息化是指在高校学生管理中，运用现代信息技术和管理科学，实现学生管理资源的优化配置，提高学生管理工作的效率和质量。

二、高校学生管理信息化的意义

高校学生管理信息化能够提高工作效率、优化服务体验、促进教育公平、提升决策水平、推动教育改革。在未来的发展中，高校学生管理信息化仍需不断改进和完善，以更好地服务学生和开展学校的管理工作。

（一）提高管理效率

通过信息化手段，可以简化学生管理流程，减少人工操作，提高管理效率。具体而言，可以通过以下方式实现。

1. 在线申请和提交

学生可以通过系统在线提交各类申请和表格，如请假申请、奖助学金申请、社团活动报名等。教师和管理员可以在系统中进行审批和记录，避免了传统的纸质申请和人工传递的烦琐过程。

2. 自动化处理

通过系统的自动化处理功能，可以减少人工操作的时间和工作量。例如，系统可以根据设定的规则自动计算学生的学业成绩，生成成绩单；系统可以自动发送提醒和通知，如课程安排变动、考试时间提醒等。

3. 数据分析和决策支持

通过对学生管理数据的分析，可以发现学生的特点、需求和问题，为学校提供决策支持。例如，通过分析学生的学业成绩和学习行为数据，可以了解学生的学习状况，为教师提供个性化的教学指导。

4. 信息共享和协同办公

通过信息化手段，可以实现信息的共享和协同办公。不同部门的人员可以通过系统共享学生的信息和数据，进行协同工作。例如，教师可以通过系统查看学生的选课情况，及时调整教学计划；辅导员可以通过系统查看学生的助学金申请情况，及时进行审核和发放。

利用信息化手段简化学生管理流程，可以减少人工操作的时间和工作量，提高管理效率。同时，也可以提高学生管理的工作质量，为学生提供更好的服务和支持。

（二）提升服务质量

学生管理信息化可以显著提升服务质量，为学生提供更加便捷、高效的服务，更好地满足学生的多样化需求。具体来说，学生管理信息化在提升服务质量方面的优势主要体现在以下几个方面。

1．便捷性

通过信息化手段，学生可以随时随地访问学校的管理系统，进行各种操作和查询。例如，学生可以在线查询课程信息、成绩单、校园活动等，不再受时间和地点的限制。

2．高效性

信息化管理能够使相关部门的相关人员快速处理学生请求和事务，减少了学生等待时间和相关部门的处理时间。例如，通过在线报名系统，学生可以快速完成报名流程，提高了办事效率。

3．个性化服务

通过对学生信息的全面了解和分析，学校可以为学生提供更加个性化的服务。例如，根据学生的学习情况和兴趣爱好，为其推荐适合的课程和学习资源。

4．实时反馈

通过信息化管理系统，学生可以及时获得各类通知和反馈信息，了解自己的学习和生活状态。例如，考试成绩发布后，学生可以第一时间查询到自己的成绩。

5．互动与参与

通过信息化交流平台，学生可以与学校管理层、教师、辅导员等人员更便捷地进行互动交流，提出意见和建议。这有助于增强学生的参与感和归属感。

学生管理信息化能够提升服务质量，为学生提供更加便捷、高效的服务，更好地满足学生的多样化需求。未来随着技术的不断发展和完善，学生管理信息化将为学生提供更加个性化、智能化的服务体验。推动高校教育的信息化进程，为教育改革提供有力支持。

（三）增强决策科学性

学生管理信息化可以通过数据分析，为学校管理层提供决策支持，从而增强决策的科学性。主要体现在以下几个方面。

1. 全面了解学生情况

（1）通过对大量学生数据的整合和分析，学校可以全面了解学生的学习情况、行为习惯、兴趣爱好等，为制定有针对性的管理措施提供依据。

（2）预测趋势和需求：通过数据分析，学校可以预测学生的学习需求、发展趋势和潜在问题，提前制定应对措施，提高管理工作的前瞻性和预见性。

2. 评估管理效果

通过对学生数据的分析，可以评估各项管理措施的效果，找出成功和失败的原因，为进一步优化管理提供指导。

3. 监测与改进

通过实时监测学生数据的变化，学校可以及时发现学生的问题和发展潜力，采取相应的干预措施，促进学生的全面发展。

数据分析在学生管理信息化中发挥着重要作用，可以帮助学校全面了解学生情况、预测趋势和需求、评估管理效果、制定科学决策以及监测与改进。未来随着技术的发展和应用的深入，数据分析将在学生管理信息化中发挥更加重要的作用。

第二节　高校学生管理信息化建设与发展

高校学生管理信息化的建设与发展是一个不断演进的进程。随着信息技术和管理科学的不断进步，高校学生管理信息化建设也在不断提升和完善。

一、高校学生管理信息化建设

高校学生管理信息化的建设是高校教育信息化发展的重要组成部分，其目标是运用信息技术手段，实现学生管理工作的科学化、规范化和智能化。通过信息化手段，高校可以更高效地管理学生信息，提高管理效率，更好地满足学生的需求。

（一）学生信息管理系统建设

一个完善的学生信息管理系统应该具备良好的使用性，能够满足不同角色的用户不同权限的使用需求。同时，系统还应具备安全性和稳定性，保护学生信息的安全和隐私。通过建立完善的学生信息管理系统，可以提高学生管理的科学性和规范性，为学校提供更好的服务和支持。一个完善的学生信息管理系统应该具备以下功能和特点。

1. 学生基本信息管理

（1）个人信息。系统应具备用户友好的界面，允许管理员或授权人员输入学生的姓名、性别、出生日期、身份证号、籍贯等基本个人信息。

（2）联系方式。系统应能记录和更新学生的联系方式，包括电话号码、电子邮件地址、家庭住址等，并支持多渠道联系信息的管理。

（3）家庭背景。系统应能够收集和存储学生的家庭背景信息，如父母的职业、教育程度、家庭经济状况等，以便于有针对性地进行关怀和资助决策。

（4）信息修改与查询。系统应提供便捷的修改和查询功能，允许管理员或授权人员在需要时更新学生的基本信息，并能快速检索和筛选特定学生的信息。

2．学业成绩管理

（1）成绩录入与维护。系统应支持教师或教务人员录入学生的课程成绩、考试成绩和平时成绩，同时提供错误检查和数据验证机制，确保成绩数据的准确性。

（2）自动计算与生成。系统应具备自动计算总评成绩和加权平均分的功能，可以根据学校规定的评分规则进行计算。此外，系统应能自动生成成绩单和排名列表，便于教师、学生和家长查看和分析学业情况。

（3）考勤管理。系统应能记录和追踪学生的课堂出勤情况，包括迟到、早退、请假和旷课等，支持考勤规则，并能将考勤数据纳入成绩计算中。

3．奖助学金管理

（1）在线申请功能。系统应提供用奖学金在线申请界面，让学生能够方便地提交奖助学金的申请，包括填写申请表、上传相关证明材料等。

（2）审核与审批流程。系统应实现自动化的工作流程，支持各级审批人员在线审核申请材料、提出意见和建议、批准或拒绝申请。审批过程应具有透明性和可追溯性，确保审批流程公正公平。

（3）发放与管理。对于获批的奖助学金，系统应能自动计算发放金额、记录发放时间、更新学生账户余额等。

4．宿舍管理

（1）宿舍分配记录。系统应能详细记录学生的宿舍分配情况，包括宿舍楼名称、房间号、床位编号等信息。这些信息应能够与学生的基本信息关联，方便查询和管理。

（2）宿舍调换申请。系统应提供在线宿舍调换申请功能，允许学生在满足特定条件下（如健康原因、学习需要等）提交调换宿舍的申请，并能附上相关证明材料。管理员收到申请后，可以根据规定进行审核和处理。

（3）维修申请管理。系统应支持学生在线提交宿舍维修申请。申请应包含详细的故障描述和图片证据，以便维修人员快速定位和解决问题。系统还应能跟踪维修进度和结果，确保维修工作的质量和效率。

5．选课管理

（1）课程选择记录。系统应能全面记录学生的选课情况，包括所选课程的名称、学分、授课教师、上课时间和地点等信息。这些信息应与学生的学业成绩和学习计划紧密关联，为教学管理和个性化指导提供数据支持。

（2）在线选课操作。系统应提供用户友好的在线选课界面，允许学生在规定的时间内自主选择课程。系统应能实时显示课程的剩余名额、选修要求和课程时间等信息，帮助学生做出合理的选择。

（3）退选和补选管理。系统应支持学生在线进行课程的退选和补选操作，同时考虑课程容量、教师审批和学分限制等因素。对于退选的课程，系统应能自动更新学生的选课记录；对于补选的课程，系统应能及时通知学生补选结果和后续安排。

（4）选课结果更新。系统应能实时更新学生的选课结果和课表，确保学生和教师能够准确了解课程安排和教学进度。此外，系统还应能生成选课报告和统计分析，为教学评估和课程优化提供依据。

6．活动报名管理

（1）活动信息录入。系统应允许管理员或活动组织者输入各类活动和社团的信息，包括活动名称、时间、地点、内容、报名截止日期等，并可以设置报名条件和限制。

（2）在线报名功能。系统应提供用户友好的在线报名界面，让学生能够方便地浏览活动信息、选择参与的活动并提交报名申请。报名过程中，系统应能验证学生的资格和条件，避免无效或重复报名。

（3）签到管理。对于需要现场签到的活动，系统应提供电子签到的功能，支持学生通过手机App、二维码扫描等方式签到。系统应能实时记录和更新签到情况，便于活动组织者管理和统计参与人数。

（4）报名统计与分析。系统应能自动统计和分析学生的报名数据，包括报名人数、参与率、热门活动等指标，并能生成报表和图表，为活动组织者和学校管理者提供决策参考。

7. 通知公告管理

（1）信息发布功能。系统应提供在线发布通知公告的功能，允许管理员或指定人员发布各类校园新闻、活动安排、政策变动等信息。发布过程中，系统应支持富文本编辑、附件上传、预览和审批等功能，确保信息的质量和准确性。

（2）信息推送与查看。系统应能将发布的通知公告推送给所有或特定的学生和教师，可以通过短信、邮件、App 消息等方式实现。同时，系统应提供便捷的信息查询和分类浏览功能，让学生和教师能够及时获取和查阅相关信息。

（3）反馈与互动。系统应支持学生和教师对通知公告进行反馈和评论，建立有效的信息交流和互动机制。管理员可以对反馈进行回复和处理，提高信息的透明度和师生的满意度。

8. 数据分析

（1）数据采集与整合。系统应能从各个模块收集和整合学生的信息和行为数据，包括基本信息、学业成绩、活动参与、通知阅读等，形成全面的学生画像和行为档案。

（2）统计分析与报表。系统应提供强大的数据分析工具和报表生成功能，支持学校管理者从不同维度对数据进行统计和分析，如年级分布、专业结构、成绩趋势、活动参与度等。报表和图表应具有直观易懂、可定制化和可导出的特点，以满足不同用户的需求。

（二）信息化流程的推进

信息化流程的推进是高校学生管理信息化的重要内容之一。通过将传统的学生管理流程进行信息化改造，可以实现流程的自动化和标准化，提高管理效率，减少人工操作的烦琐和误差。

信息化流程的推进包括以下几个方面。

1．流程梳理

首先需要对现有的学生管理流程进行全面的梳理和分析，包括入学注册、课程选修、成绩录入与查询、请假申请、毕业审核等各个环节。明确每个流程的具体操作步骤、涉及的部门和人员，以及相应的责任和权限。这一步骤的目的是确保对现有流程有清晰的认识，为后续的信息化改造打下基础。

2．流程优化

在梳理的基础上，针对存在的问题进行优化和改进。通过去掉冗余环节、简化操作步骤、明确各环节的责任和权限，提高流程的效率和准确性。同时，也要考虑如何利用信息技术手段实现流程的自动化和标准化，提高管理效率。

3．系统开发与集成

根据优化后的流程，进行相应的系统开发与集成工作。这包括开发学生信息管理系统、在线报名系统、成绩录入系统等，并实现各系统之间的数据共享和流程协同。通过开发相应的管理软件和搭建网络平台，实现学生管理流程的信息化和自动化。

4．培训与推广

为确保信息化流程的顺利实施，需要对相关人员进行培训和教育，提高其信息素养和操作技能。培训内容包括系统操作、数据管理和信息安全等方面的知识。同时，也需要做好信息化流程的宣传和推广工作，让学生和教职工充分了解和接受新的管理方式。

5．持续改进与优化

信息化流程的推进是一个持续的过程，需要根据实际运行情况进行不断的改进和优化。通过定期评估和反馈，发现存在的问题和不足之处，及时调整和完善。同时，也要关注学生管理工作的变化和发展趋势，不断引入新的信息技术和管理理念，以适应时代的需求。

通过信息化流程的推进，高校可以进一步简化学生管理流程，提高管理效率和质量。同时，也有助于推动学生管理工作的科学化和规范化发展，为学校的教育教学和管理决策提供有力支持。

（三）数据中心建设

数据中心建设是指建立专门的场所和设施管理学生数据。具体而言，包括以下几个方面。

1．场地选择和设计

选择合适的场地用于建设数据中心，考虑到容量、安全、电力供应等因素。同时，根据数据中心的需求进行合理的设计和布局，确保设备和人员的合理流动和工作空间。

2．硬件设备采购和安装

根据数据中心的需求，采购合适的服务器、存储设备、网络设备等硬件设备，并进行安装和配置。这些设备应具备高性能、高可靠性和可扩展性，以满足大量数据的处理和存储需求。

3．数据整合和集成

将来自不同部门和系统的学生管理数据进行整合和集成。通过数据接口和中间件等技术手段，实现数据的互通互联，避免信息孤岛和重复录入。

4．数据分析和挖掘

利用数据分析工具和技术，对学生管理数据进行分析和挖掘。通过对数据的统计、分类、关联分析等操作，发现学生的特点、需求和问题，为学校提供决策支持。

5．数据安全和备份

确保学生管理数据的安全性和完整性，采取相应的安全措施，如防火墙、访问控制等。同时，定期进行数据备份，以防止数据丢失或损坏。

6．人员培训和管理

建立专业的团队负责数据中心的运营和维护工作。对相关人员进行培训，使其具备数据处理和分析的技能。同时，建立相应的管理制度和流程，确保数据中心的正常运行和高效管理。

（四）建立信息化交流平台

建立信息化交流平台以促进师生互动和家校沟通的过程主要包括以下几个关键环节。

1. 需求分析与规划

确定信息化交流平台的目标和范围，包括功能模块以及预期的业务需求和效果。进行详细的需求分析，了解当前师生互动和家校沟通的痛点和挑战，以及通过信息化交流平台建设可能带来的改进和效果。制定信息化交流平台的总体架构和实施计划，包括硬件设备、软件平台、网络环境、安全策略、运维管理等方面的设计和配置。

2. 平台设计与开发

根据需求分析结果，设计信息化交流平台的界面布局、交互方式、功能模块和数据结构等要素，确保用户体验友好、操作简便、信息高效传递。

开发信息化交流平台的前端和后端系统，采用适合的技术栈和框架，如HTML5、CSS3、JavaScript、PHP、Python、Java 等。

实现平台的功能模块，如消息发布、讨论区、问答论坛、在线投票、文件共享、日程管理、成绩查询、作业提交、评价反馈等。

3. 用户注册与认证

提供用户注册和登录功能，支持多种身份认证方式，如账号密码、手机验证码、邮箱验证、社交账号绑定等。设置用户权限和角色管理，根据师生和家长的不同需求和职责，分配相应的访问权限和操作权限。保护用户的个人信息和隐私权益，遵循相关法律法规和行业标准的要求。

4. 信息推送与通知

实现信息的实时推送和通知功能，支持多种通信渠道和设备，如短信、邮件、App 消息、网页弹窗等。根据用户偏好和设置，提供个性化的信息订阅和筛选服务，减少无关和冗余的信息干扰。支持信息的分类和搜索功能，方便用户快速查找和获取所需的信息和资源。

5．数据分析与优化

收集和分析信息化交流平台的使用数据和反馈信息，包括用户行为、活跃度、满意度、问题报告等指标。根据数据分析结果，优化和迭代平台的功能和性能，提高用户满意度和黏性。跟踪和关注教育技术和市场趋势，保持信息化交流平台的先进性和竞争力。

信息化交流平台能够成为高校师生和家长之间的重要桥梁和纽带，促进信息的有效传递和交流，提高教育质量和效率，增强学生的参与感和归属感，提升学校的形象和声誉。同时，信息化交流平台还可以为教育管理和决策提供有价值的数据，推动教育改革和创新的发展。

（五）学生管理信息化制度

制定完善的学生管理信息化制度是实现高校学生管理信息化的重要保障之一。通过规范信息化操作流程，可以提高管理效率和质量，确保信息的安全性和可靠性。学生管理信息化制度应包括以下几个方面。

1．信息化管理规定

明确学生管理信息化的目标和原则，规定各部门在信息化管理中的职责和分工。制定信息化建设的规划、标准和规范，为信息化建设的推进提供指导。

2．数据管理制度

规范数据的采集、存储、处理和使用等环节，确保数据的准确性和安全性。明确数据的所有权和使用权，限制对数据的访问和使用权限，防止数据泄露和滥用。

3．系统安全管理制度

制定系统的安全策略和管理措施，确保系统的正常运行和数据的安全。包括用户账号管理、访问控制、病毒防范、漏洞修复等方面的规定。

4. 操作规范

明确各类信息化系统的操作流程和规范，确保操作的准确性和有效性。包括系统登录、数据录入、数据查询、数据导出等方面的操作规范。

5. 培训与考核制度

为提高信息化系统的使用效果和操作水平，应制定相应的培训与考核制度。针对不同用户群体开展培训，提高其对信息化系统的认知和使用技能。同时，定期进行考核和评估，确保用户能够熟练掌握系统的操作和管理。

6. 应急预案

针对可能出现的系统故障、数据泄露等突发情况，制定相应的应急预案。明确应急处置流程和责任人，确保在突发情况下能够迅速响应并采取有效措施，降低损失和影响。

7. 监督与评估制度

建立对学生管理信息化工作的监督与评估机制，定期检查信息化系统的运行状况、数据质量和使用效果。发现问题及时整改和完善，不断优化信息系统的功能和服务。

通过制定完善的学生管理信息化制度，可以规范信息化操作流程，提高管理效率和质量。同时，也有助于确保信息的安全性和可靠性，保障学生的个人隐私权益。完善的信息化管理制度将为高校学生管理信息化建设提供有力的支撑和保障。

二、高校学生管理信息化的发展趋势

1. 云计算技术的广泛应用

随着云计算技术的不断演进，高校将更多地依赖于云服务来存储和管理学生数据。通过云存储，数据可以在多个服务器上备份，大大提高了数据的安全性。

利用云计算的计算能力，高校可以更高效地处理大量数据，从而加快数据处理速度，提升管理效率。

学生和教师可以通过云平台随时随地访问数据，不受地理位置限制，为学习和教学提供更大的便利性。

2．大数据分析的深度应用

随着大数据技术的不断发展，高校将更加深入地应用大数据分析技术，以提升学生管理信息化系统的效能和决策的科学性。以下是关于大数据分析的具体应用。

学生数据挖掘。通过大数据分析技术，高校可以深入挖掘学生数据的潜在价值。这些数据包括学生的学习行为、成绩变化、参与的课外活动等。通过数据分析，高校可以预测学生的未来表现、需求和学习路径，为学生提供个性化的学习建议和发展规划。

教学策略优化。大数据分析可以为高校提供关于课程设计、教学方法等方面的洞察。通过分析学生的学习行为和成绩表现，高校可以评估课程的质量和教学方法的合理性，从而优化教学策略，提高教学质量。

决策支持。高校可以利用大数据分析来为学校决策提供科学依据。基于数据分析的决策能够更加客观、准确，有助于提高学校的整体运营效率和资源利用效果。

趋势预测与机会发掘。通过长期、连续的数据分析，高校可以预测学生的学习趋势、职业发展方向以及行业需求变化。这有助于高校及时调整专业设置、课程内容和人才培养计划，更好地适应市场需求，为学生提供更多的发展机会。

资源分配与成本效益分析。大数据分析可以帮助高校进行资源分配和成本效益分析。通过分析各项业务的资源消耗和效益产出，高校可以优化资源配置，提高资源利用效率，降低运营成本。

通过大数据分析的深度应用，高校可以更好地了解学生需求、优化教学策略、科学决策和提高运营效率。同时，也有助于提升学校的整体竞争力，为学生创造更好的学习和成长环境。

3．移动终端的普及与智能化服务

随着移动设备的普及，高校将更加注重移动终端的应用和智能化服务，为学生和教师提供更加便捷、高效的管理和服务体验。以下是关于移动终端普及与智能化服务的详细说明。

移动终端的普及。随着智能手机的广泛使用，高校将开发并推广适用于移动设备的学生管理终端。通过移动终端，学生和教师可以在任何时间、任何地点访问学生管理系统，进行相关操作和查询。

实时通知与提醒。移动终端能够提供实时的通知和提醒功能。当有考试时间变更、活动通知、课程调整等信息时，系统会及时推送通知给学生，确保学生能够及时获知并作出相应安排。同时，应用还可以设置自定义提醒，帮助学生更好地规划学习和生活。

智能分析与建议。通过对学生数据的分析，移动应用可以为学生提供智能化的学习建议。例如，根据学生的学习习惯和成绩表现，为其提供学习策略的调整建议或课程选择的建议。

通过移动终端的普及与智能化服务的应用，高校可以更好地满足学生和教师的需求，提高管理效率和服务水平。同时，也有助于增强学生的满意度和学习效果，为学校的长远发展奠定坚实基础。

4．人工智能技术的融合应用

随着人工智能技术的不断发展，高校将更加注重将其应用于学生管理信息化系统中，以提升服务质量和效率。以下是关于人工智能技术融合应用的详细说明。

智能问答服务。借助自然语言处理技术，高校可以开发智能问答机器人，为学生提供 24 小时在线的答疑服务。学生可以通过文本、语音等方式提出疑问，机器人会快速分析问题并给出相应的答案和建议。这有助于减轻教师的工作负担，并及时、准确地回答学生疑问。

个性化学习建议。通过分析学生的学习行为数据，如作业完成情况、课堂参与度、在线学习时长等，人工智能可以深入了解学生的学习习惯和能力水平。基于这些数据，人工智能可以为学生提供个性化的学习建议，帮助他们改进学习方法、提高学习效果。

预测与干预。利用机器学习技术，高校可以预测学生在学习过程中可能遇到的问题或挑战。基于历史数据和模式识别，人工智能可以帮助教师提前发现学生的潜在困难，并采取针对性的措施进行干预。这有助于预防问题的发生，并为学生提供更好的学习支持。

自动评价与反馈。人工智能可以应用于学生的作业、测验和考试自动评价。通过自然语言处理和机器学习技术，系统可以自动批改作业、识别答案的对错，并为学生提供及时的反馈和解析。这有助于减轻教师的工作负担，提高评价的准确性和效率。

智能决策支持。基于大数据和人工智能技术，高校可以构建智能决策支持系统。该系统可以分析学生数据、课程设置、教学资源等方面的信息，为学校管理层提供决策依据。通过数据驱动的决策，可以提高学校的整体运营效率和资源利用效果。

通过人工智能技术的融合应用，高校可以更好地满足学生个性化学习的需求，提高教学质量和学习效果。同时，也有助于提升学校的整体管理水平和竞争力，为学生创造更好的学习和成长环境。

5. 数字化校园的建设与整合

（1）系统集成与数据共享。

整合多元系统。数字化校园的建设将涵盖对校园内各类系统的深度整合，包括但不限于教务管理系统、图书馆系统、宿舍管理系统、财务系统、安防系统、科研管理系统等，以实现各系统间的无缝对接和协同工作。

制定统一标准。为了确保不同系统之间的数据能够准确、高效地交换和共享，需要制定统一的数据标准和接口规范。这包括数据格式、编码规则、通信协议等方面的规定，以消除信息孤岛，提高数据利用效率。

实时数据同步。通过集成的数字化校园平台，各个系统之间的数据可以实现实时同步和更新，确保各部门获取的信息是最新的、一致的。

（2）提升协作效率与决策支持。

协同工作平台。数字化校园的建设将促进不同部门之间的协同工作，通过

共享数据和业务流程，简化工作流程，减少重复劳动，提高工作效率。

统一管理平台与权限控制。建立统一的数字化校园管理平台，集中管理和监控各个系统的运行状态和数据流。同时，实施严格的权限控制机制，确保数据的安全性和学生隐私保护。

数据分析与智能决策。运用大数据分析和人工智能技术，对集成后的校园数据进行深度挖掘和分析，为学校管理层提供全面、准确、及时的数据支持。这将有助于做出更加科学、精准的决策，优化资源配置，提升教育质量和管理水平。

（3）优化学生服务体验。

在线自助服务。数字化校园将为学生提供一系列便捷的在线自助服务，如在线报修、在线咨询、在线选课、成绩查询、缴费申请等，大大节省学生的时间和精力，提高服务的响应速度和质量。

个性化服务与学习支持。通过分析学生的学术表现、兴趣爱好、行为习惯等数据，数字化校园可以提供个性化的学习资源推荐和服务支持，如定制化的课程推荐、学习路径规划、学术辅导等。

移动化与社交化应用。随着移动互联网和社交媒体的发展，数字化校园也将引入更多的移动化和社交化应用，如移动 App、在线社区、互动论坛等，以满足学生的多元化需求和增强校园的互动性。

（4）安全保障与可持续发展。

数据安全与隐私保护。在推进数字化校园建设的同时，必须高度重视数据安全和隐私保护问题，采取严格的数据加密、访问控制、审计跟踪等措施，确保数据的安全性和内容的合规性。

技术更新与运维管理。随着技术的不断进步和用户需求的变化，数字化校园需要持续进行技术更新和运维管理，保持系统的稳定性和先进性，适应未来教育发展的需求。

6. 信息安全与隐私保护的重视

随着信息化程度的提高，高校将更加重视信息安全和隐私保护。将采取一系列措施来确保学生数据的安全性，例如加密存储、访问控制等。高校通过加强对学生和教职工的信息安全培训，提高他们的信息安全意识。高校通过建立完善的数据保护政策，明确数据的收集、使用和共享等方面的规定，确保学生的隐私权益得到尊重和保护。

7. 人性化与智能化的交互设计

未来的学生管理信息化系统将更加注重人性化和智能化的交互设计，以提高用户体验和满意度。具体来说，可以从以下几个方面入手。

用户友好的界面设计。采用简洁、直观的用户界面，降低用户的使用门槛，使系统更加易于操作和使用。同时，确保界面布局合理，提供清晰的导航和菜单选项，使用户能够快速找到所需的功能和信息。

智能化的操作流程。通过智能化的操作流程，自动完成一些常规任务，减少用户的手动操作和输入。例如，利用自然语言处理技术实现智能问答、智能推荐等功能，使用户能够快速获取所需信息或完成相关操作。

个性化服务。根据用户的需求和偏好，提供个性化的服务和建议。例如，根据用户的专业和成绩表现，为其推荐合适的课程和学习计划。

实时反馈与互动。系统能够实时反馈操作结果和提示信息，使用户清楚了解任务的状态和进展情况。同时，提供实时的在线咨询和互动功能，使用户能够随时获得帮助和支持。通过实时的反馈与互动，增强用户的使用体验和满意度。

数据驱动的决策支持。利用大数据和人工智能技术，对用户的行为和需求进行分析，为其提供更加精准的决策支持。例如，根据用户的学习成绩和兴趣爱好，为其推荐合适的职业发展方向和就业机会。通过数据驱动的决策支持，提高用户与系统的互动效果和价值。

通过人性化和智能化的交互设计，未来的学生管理信息化系统将更好地满足用户的需求和期望，提高其使用体验和满意度。同时，也有助于提高高校的管理水平和效率，为学生提供更加优质的服务。

8. 数据分析驱动的管理决策

基于数据分析的结果，未来高校的管理决策将更加科学和精准。通过对大量的学生数据进行分析，可以深入了解学生的需求和行为特点，为学校的决策提供有力依据。

9．跨部门、跨领域的协同合作

随着信息化的发展，高校各部门之间的协同合作将更加紧密，以更好地为学生提供全方位的服务并提升学校的整体运营效率。以下是关于跨部门、跨领域协同合作的详细说明。

数据共享。各部门之间实现数据共享，确保信息的实时性和准确性。通过统一的数据平台，各部门可以快速获取其他部门的数据，避免信息孤岛现象，提高工作效率。

业务整合。各业务部门整合资源，为学生提供一站式服务。例如，学生可以在一个平台上完成选课、报名、缴费、查询成绩等多项操作，简化流程，提高服务体验。

跨部门沟通与协作。通过定期的跨部门沟通会议和协作机制，加强各部门之间的联系与合作。共同商讨学生管理中的问题，制定解决方案，确保各部门在学生服务中步调一致。

技术共通与平台兼容。各部门采用统一的技术标准和平台，确保数据交换的流畅性。同时，注重平台的兼容性和扩展性，以满足未来发展的需求。

资源共享。各部门共享资源，避免重复投入。例如，共同采购设备、软件和基础设施，提高资源利用率，降低成本。

10．持续的技术创新与发展

高校学生管理信息化将不断涌现新的技术、新的应用模式和新的服务模式。高校应保持开放的心态，积极探索和创新，为学生提供更加先进、高效的服务和管理体验。

第三节　高校学生管理信息化的安全与保障

高校学生管理信息化的安全与保障是高校信息化建设中至关重要的一环。随着高校信息化建设的深入推进，学生信息系统的安全与保障面临着诸多挑战，包括数据泄露、系统遭受攻击以及不当使用等风险。为了应对这些挑战，高校需要采取一系列的保障措施来确保学生信息的安全。

一、高校学生管理信息化的安全问题

1．数据泄露风险

原因分析。随着高校学生管理信息化的推进，大量的学生个人信息被存储在系统中。如果系统存在安全漏洞或管理不善，这些信息可能被非法获取。

潜在后果。学生信息的泄露可能导致个人隐私的侵犯，如身份盗窃、诈骗等。此外，泄露的信息可能被用于不良目的，如歧视、骚扰等，给学生带来不良影响。

应对措施。高校应采取严格的数据保护措施，如数据加密、访问控制、定期更新密码等，确保学生数据的安全。同时，加强对学生和教职工的数据安全培训，提高他们的安全意识。

2．系统遭受攻击风险

原因分析。随着网络攻击的增多，高校学生管理信息系统可能面临各种网络攻击，如黑客攻击、病毒植入等。

潜在后果。网络攻击可能导致学生数据的损坏或丢失，严重时甚至可能导致系统瘫痪。这不仅会影响学生的正常学习生活，还可能给学校带来声誉和经济上的损失。

应对措施。高校应采取有效的网络安全防护措施，如防火墙、入侵检测系统等，防止网络攻击的入侵。同时，定期对系统进行安全漏洞扫描和修复，确保系统的安全性。

3．不当使用风险

原因分析。部分工作人员可能因疏忽、恶意或其他不当原因，滥用学生信息的访问权限。

潜在后果。工作人员的不当使用可能导致学生权益受损，如非法查询、修改学生信息等。这不仅侵犯了学生的隐私权，还可能给学生带来不必要的困扰和损失。

应对措施。高校应建立完善的管理制度，明确工作人员对学生信息的访问和使用权限。同时，加强监督和审计机制，确保工作人员的行为合规。对于不当使用的情况，应依法追究相关责任人的法律责任。

二、高校学生管理信息化的保障措施

（一）加强网络安全防护

1．建立完善的网络安全防护体系

防火墙配置。部署高效的防火墙，根据学校的网络结构和安全需求进行定制化配置，对进出网络的数据包进行过滤，防止恶意攻击和非法访问。

入侵检测系统（IDS）。设置入侵检测系统，实时监控网络流量，检测和响应异常行为，及时发现并阻止潜在的网络攻击。

数据加密。对重要数据进行加密存储，确保即使数据被窃取，也无法被轻易解密，保障数据的安全性。

2．定期安全漏洞扫描和修复

漏洞扫描。定期使用专业的漏洞扫描工具对系统进行扫描，识别存在的安全漏洞。

漏洞修复。根据扫描结果，及时修复发现的漏洞，并进行验证测试，确保漏洞得到有效处理。

版本更新与补丁管理。保持学生管理信息化系统的版本更新，及时安装官方发布的补丁，修复已知的安全漏洞。

3．应急响应机制

应急预案制定。针对可能发生的网络安全事件，制定详细的应急预案，明

确响应流程、责任人和响应措施。

应急响应小组。组建专业的应急响应小组，负责网络安全事件的快速响应和处理。

事件记录与总结。对发生的网络安全事件进行记录和分析，总结经验教训，不断完善和优化安全防护策略。

（二）严格身份认证机制

多因素身份认证。除了传统的用户名和密码认证外，引入多因素身份认证方式，如动态口令、生物识别等，提高身份认证的安全性。

权限管理。根据工作人员的职责和工作需要，设置不同的数据访问权限，确保只有经过授权的人员才能访问学生信息。这样可以避免未经授权的人员获取学生信息，降低数据泄露的风险。

单点登录。实施单点登录机制，用户只需在登录时进行一次身份验证，就可以访问其授权的所有应用系统，提高工作效率的同时确保数据的安全性。

日志审计。对所有数据访问操作进行日志记录和审计，以便追踪和审查不正当的访问行为。通过定期审计和监控，及时发现和解决潜在的安全问题。

定期更新密码。要求用户定期更新密码，降低密码被破解的风险。同时，强制密码策略，要求密码具备足够的复杂性和长度，增加破解难度。

安全培训与意识提升。定期为工作人员提供安全培训和意识提升课程，使其了解和遵守学校的数据安全政策和最佳实践，从源头上减少不安全行为的发生。提高人员素质，加强工作人员的信息安全意识培训，提高其信息安全素质。

参考文献

［1］张士平，赵月姝．学生管理［M］．北京：北京师范大学出版社，2018.

［2］顾翔．大学生管理［M］．上海：华东师范大学出版社，1988.

［3］赵明吉，刘志岫．大学生管理工作研究［M］．济南：山东大学出版社，2007.

［4］李明慧．高校学生管理工作概论［M］．北京：团结出版社，2016.

［5］乔霞．学生管理工作创新研究［M］．长春：吉林出版集团股份有限公司，2023.

［6］郭云飞，陈英英，田超琼．学生管理工作创新研究［M］．北京：中国国际广播出版社，2023.

［7］王金祥．高校学生管理工作研究［M］．沈阳：辽宁大学出版社，2013.